도대체
포퓰리즘이
뭐야?

10대를 위한 글로벌 사회탐구

도대체
포퓰리즘이
뭐야?

얀 루트비히 지음 | 전은경 옮김 | 애슝 그림
해제 서의동

비룡소

민주주의를 바로 세울 수 있는 것은?

심소현

창동중학교 사회 교사

친구들과 손바닥 뒤집기로 편 가르기를 해 본 적 있나요? 손바닥을 보이게 내놓은 사람은 우리 편, 손등을 보이게 내놓은 사람은 그들 편, 이런 식으로요. 포퓰리스트는 이 손바닥 뒤집기처럼 쉽고 빠르게 우리와 그들을, 좌파와 우파를, 내국인과 이방인을 나눕니다.

이민자들이 우리의 일자리를 빼앗을지도 모른다는 불안, 난민이 테러를 일으킬 것이라는 공포를 먹고 자라난 포퓰리즘은 민주주의를 무너뜨려요. 이 책은 무너진 민주주의를 바로 세울 수 있는 비판적인 시각을 기르는 데 도움을 줄 것입니다.

이 책에서는 포퓰리즘의 개념을 쉽고 구체적으로 설명하고, 포퓰리즘이 득세하는 원인과 문제점을 역사적 맥락과 생생한 사례를 바탕으로 풍부하게 다루고 있습니다. 청소년들이 자주 접하는 온라인뉴스나 소셜미디어가 어떻게 가짜 뉴스를 생산하고, 어떤 식으로 포퓰리스트에게 힘을 실어 주는지도 알려 줘요. 특히 '4부 포퓰리즘에 맞서는 우리의 자세'는 많은 사람들이 읽고 꼭 실천했으면 하는 바람입니다.

정치참여나 사회문제, 또는 언론의 역할에 관심이 있는 친구들에게 이 책을 권하고 싶습니다. 여기에서는 주로 유럽과 미국의 사례를 다루고 있지만, 이와 유사한 우리나라의 사례를 떠올리며 읽으면 더 재밌을 거예요. 흥미를 끌면서 핵심을 관통하는 삽화도 내용을 이해하는 데 큰 도움이 될 거고요.

학교에서 민주시민교육을 실천하시는 선생님들께도 이 책이 유용할 것입니다. 여기 소개된 포퓰리스트의 10가지 속성을 기준으로 삼아 우리나라 정치인의 발언을 평가해 보거나, 복지정책과 같은 논쟁적인 정책이 포퓰리즘 정책이라고 생각하는지에 대해 토론해 볼 수 있을 거예요. 또, 뉴스 등 미디어를 접할 때 포퓰리즘을 가려내는 방법을 체크리스트로 만들어 보고, 자신이 잘 실천하고 있는지 성찰해 볼 수도 있을 테지요. 이처럼 수업 활동에 활용하기에도 탄탄한 자료가 될 것입니다.

차례

추천의 글 • 4

들어가는 말 **바야흐로 포퓰리즘 시대** • 9

1부 오늘날의 포퓰리즘
전 세계에 부는 포퓰리즘 물결 • 23
포퓰리즘의 역사적 배경 • 37
포퓰리스트를 알아보는 방법 • 52
한 대통령의 취임사로 보는 포퓰리즘 연설 • 71

2부 포퓰리스트가 득세하는 원인
누가 포퓰리스트를 뽑을까? • 79
국민투표가 늘 최선은 아닌 이유 • 100
포퓰리스트가 사실을 왜곡하는 방법 • 112
언론을 대하는 포퓰리스트의 전략 • 137

3부 오늘날 포퓰리즘의 문제점

포퓰리스트의 유권자 공략법 • 149

포퓰리스트에게 언어는 강력한 무기! • 159

포퓰리스트는 어떻게 사진을 조작할까? • 165

포퓰리스트가 위험한 이유 • 172

4부 포퓰리즘에 맞서는 우리의 자세

포퓰리즘을 견제하기 위한 몇 가지 제언 • 191

포퓰리즘에서 이득을 얻을 수 있을까? • 205

해제 우리 사회의 포퓰리즘

_서의동,《경향신문》논설위원 • 212

참고 자료 • 230

들어가는 말
바야흐로 포퓰리즘 시대

포퓰리즘의 열기가 전 세계를 휩감고 있습니다. 포퓰리즘은 아시아, 북아메리카, 남아메리카, 오세아니아 등 세계 각지로 퍼져 나가며 우리 사회와 정치를 바꾸었습니다. 유럽에서는 포퓰리즘이 시대정신을 담고 있다는 말이 나올 정도로 포퓰리즘은 이미 우리 사회에 만연한 현상이 되었어요.

이 책은 유럽과 미국의 포퓰리즘을 중점적으로 다루고 있긴 하지만, 비단 어느 특정 국가들만의 이야기는 아닙니다. 정치 혐오, 이민자 혐오, 기득권 혐오…… 혐오의 시대에 더욱 번성하는 포퓰리즘은 세계 곳곳에서 유사한 흐름을 보여 주고 있거든요.

포퓰리즘 용어의 기원

오늘날 포퓰리즘이라는 용어는 주로 정치인들이 상대를 공격하기 위한 의도로 씁니다. 예를 들어 무료 의료, 무료 보육, 무료 교육 등 많은 표를 얻기 위해 재정 형편도 고려하지 않고 남발하는 선심성 공약이나 정책을 비난할 때 쓰기도 하죠. 그러나 맨 처음 포퓰리즘이라는 단어에는 그러한 뜻이 담겨 있지 않았어요.

기록상 '포퓰리즘'이라는 용어가 맨 처음 등장한 것은 지금으로부터 2100여 년 전인 고대 로마 공화정 말기였습니다. 그때 로마는 인구가 크게 늘고 정치는 불안정했으며 여기에 가뭄과 홍수까지 더해져 곡물 위기에 허덕이고 있었어요. 이에 호민관(고대 로마에서 시민들을 위해 일하던 관리)이었던 그라쿠스 형제는 시민들을 구제하고자 농지법, 곡물법 등을 제안했습니다. 귀족이 독식한 농지를 재분배하고, 국가가 밀을 사들여 시민들에게 싼값에 공급하면 시민들의 숨통을 틔울 수 있을 테니까요.

하지만 모두가 농지 개혁에 찬성한 것은 아니었습니다. 당시 대농장을 경영하던 대부분의 로마 원로원(고대 로마의 정치 기관) 의원들이 반발했고, 일부 의원들만이 개혁에 찬성했어요. 그라쿠스 형제의 개혁안을 지지하는 이들을 '(소수의 귀족이 아닌) 다수를 사랑하는 자들'이라는 뜻의 '포퓰라레스populares'라고 불렀고, 이를 영어식으로 표현한 것이 '포퓰리스트populist' 입니다. 원로원 세력들이 귀족의 이익이 아닌 시민 다수의 이익을 대변하는 이들에 대한 경멸의 의미로 썼던 말인 거지요. 포퓰리즘이 정치 현상으로 등장한 것은 오랜 시간이 흘러 19세기 말 미국의 농민운동에서부터였습니다(42쪽 참고).

오늘날 포퓰리즘의 의미와 성격

이후 포퓰리즘은 역사와 지역, 상황에 따라 다양한 의미로 쓰이고 있습니다. 포퓰리즘에 대한 명확한 기준이 없기 때문에 관점에 따라, 정치적 이해관계에 따라 다른 뜻으로 사용하고 있어요. 오늘날 포퓰리즘은 주로 '대중영합주의'를 의미하는 말로 쓰여요. 대중영합주의란 대중의 인기에 영합해 목적을 달성하고, 권력을 유지하려는 정치적인 태도를 말합니다. 이렇게 대중의 인기를 등에 업고 권력을 유지하려는 정치인들을 우리는 포퓰리스트라고 부르지요.

우리는 흔히 정치적 성향을 나눌 때 '좌익' 혹은 '우익'으로 구분 짓습니다. '왼쪽 날개'라는 뜻의 좌익은 진보적이고 급진적인 경향을 뜻하고, '오른쪽 날개'라는 뜻의 우익은 보수적이고 점진적인 경향을 뜻합니다. 흔히 좌익의 성향을 띠는 파를 좌파, 우익의 성향을 띠는 파를 우파라고 불러요. 그런데 포퓰리즘은 좌파 혹은 우파라는 어느 특정 이념에만 붙일 수 있는 단어가 아닙니다. 좌파 포퓰리즘도, 우파 포퓰리즘도 있을 수 있지요. 성격을 구분하자면 대체로 좌파 포퓰리즘left-wing populism은 경제적 공정성 혹은 평등을 강조하고, 우파 포퓰리즘right-wing populism은 국가와 민족을 강조하며 엘리트와 기득권에 반대한다는 차이가 있습니다.

유럽과 미국을 삼킨 극우 포퓰리즘

2010년대 중반 무렵부터 유럽과 미국에서는 우파 포퓰리스트 세력이 기세를 떨치고 있습니다. 이들은 하나의 민족이라는 점을 중요시합니다. 민족의 정체성과 공통의 이익을 우선으로 생각하

정치 세력을 좌파와 우파로 나누는 관행,
언제부터 생겨난 걸까?

프랑스 혁명이 한창이던
1789년 8월 28일,
공화파와 왕당파 간
의견 충돌.

국민의회에서
의장석을 기준으로
왼쪽은 공화파,
오른쪽은 왕당파가 자리.

1792년 국민공회에서도
급진 개혁 세력이 왼쪽에,
온건 개혁 세력이
오른쪽에 자리.

이후 좌파는
급진적 개혁 세력을,
우파는 온건한 개혁 세력을
지칭하는 말로 통용!

좌파와 우파, 서로 다를 뿐
옳고 그른 것은 없어!

*참고: 전우용, 「[전우용의 우리시대] 우파와 좌파의 시대」, 《경향신문》(2019년 6월 17일).

죠. 얼핏 긍정적인 이야기로 들리기도 하지만, 이들은 원래 그 나라의 민족에게만 혜택을 주어야 한다는 입장입니다. 국경을 넘나드는 세계화 시대에 말이에요. 그래서 이민자와 같이 '우리 민족'이 아닌 이들의 이익을 살피려는 정치인들을 부패한 엘리트라고 규정 지으며 사회적 혼란을 일으켜요.

이들은 점차 극단주의적인 모습을 보이고 있습니다. 극단주의Extremism란 가장 극단적인 정치적 태도를 뜻합니다. 모든 국민의 정치 성향을 선분 위에 놓은 점이라고 생각해 보세요. 대부분의 점들은 선분 한가운데를 중심으로 좌우에 있을 거예요. 가장자리 쪽으로 갈수록 점들의 숫자는 점점 줄어들 테고요. 극단주의자는 이 선분의 가장자리 어느 한쪽으로 크게 치우쳐 있는 사람들이에요. 유럽과 미국에서는 극단적인 우파, 극우 포퓰리스트 세력이 기세를 떨치고 있습니다. 정치 성향의 선분에 올려놓았을 때, 이들은 우측 가장자리 쪽에 있는 셈인 거죠.

우파 포퓰리스트는 기존의 정당이나 이익단체가 만든 시스템을 파괴하려고 합니다. 특히 유럽 국가들 간의 정치, 경제 통합을 위해 설립된 유럽연합EU은 이들의 타깃이 돼요. 유럽연합은 유럽 국가들의 결속을 위해 공통의 가치관을 토대로 정치, 사회, 교육 등 여러 분야에서 전략을 펼치는 기구입니다. 유럽연합에 소속된 나라들은 유럽연합으로부터 예산을 지원받을 수 있고, 유럽의 수출 시장에도 자유롭게 진입할 수 있어요. 유럽연합의 27개 회원국 중 20개국은 유로(€)라는 단일 화폐를 사용하고 있지요.

우파 포퓰리스트는 이러한 유럽연합이 나라의 주권에 부정적인 영향을 준다고 여깁니다. 유럽연합이 강압적으로 추진하는 정책이 정치적, 경제적 부담을 준다고 말하면서요. 그래서 대개 유럽에서는 반난민, 반이민자, 반세계화, 반유럽연합 등을 주장하면서 극단적으로 활동하는 사람 혹은 집단을 포퓰리스트라고 합니다. 또 이런 정당을 포퓰리즘 정당이라고 부를 수 있지요. 세계화로 노동자들의 삶이 더 어려워졌다고 믿는 유권자들은 이들을 지지합니다. 포퓰리스트들은 상대편을 도발하고 스캔들을 서슴지 않고 일으키면서 지지 기반을 계속 넓혀 가고 있고요.

몇 가지 예를 들어 볼게요. 2016년 유럽연합 잔류와 탈퇴를 두고 국민투표를 실시한 영국은 포퓰리스트의 영향으로 탈퇴파가 승리하면서 유럽연합을 나왔습니다. 이를 가리켜 영국을 뜻하는 브리튼Britain과 탈퇴를 뜻하는 엑시트Exit의 합성어인 브렉시트Brexit라고 불러요. 브렉시트는 세계경제에 큰 충격을 가져왔습니다.

포퓰리스트의 영향이 아니었더라면 영국이 브렉시트를, 그러니까 유럽연합에서 탈퇴한다는 결정을 내리지 않았을 거예요.

2017년 미국의 제45대 대통령으로 선출된 도널드 트럼프도 우파 포퓰리스트로 손꼽히는 사람입니다. 경제가 침체되고 소득 격차가 점점 더 벌어지자, 미국 시민들은 경제적 박탈감과 함께 엘리트 정치인에 대한 불신을 품게 되었어요. 여기에 이민자에 대한 불만까지 늘자 트럼프는 때를 놓치지 않았어요. 백인 노동자층의 불만을 정확히 파악한 트럼프는 백인 외의 유색인종, 이슬람교도, 성적 소수자 등에 대한 혐오 발언을 퍼부었지요. 그렇게 백인들의 지지를 얻은 트럼프는 대통령이 되어 미국을 통치할 수 있었어요.

이어서 2019년에는 영국, 프랑스, 이탈리아에서 유럽연합에 반대하는 포퓰리즘 정당이 선거에 승리했습니다. 이처럼 유권자의 위기감에 편승한 포퓰리즘은 지금도 계속 이어지고 있어요.

도대체 포퓰리즘이 뭐야?

포퓰리즘이 만연하다는 것은
민주주의가 위태롭다는 뜻!

민주주의를 해치는 포퓰리즘

포퓰리스트들은 자신만이 유일하게 대중을 대표한다고 주장합니다. 그래서 다른 정치인들을 가리켜 건방지다거나 범죄자라거나 '국민의 배신자'라며 모욕해요. 언론 전체를 싸잡아 '거짓 언론'이라고 욕하기도 하고요. 또한 포퓰리스트들은 복잡한 사회문제를 단순화하고, 터무니없이 빠르고 간단해 보이는 해결책을 제시합니다. 외국인이나 유럽연합, 언론이나 은행, 또는 그저 단순하게 '엘리트 정치인들'의 잘못이라고 이야기하는 것이죠.

이런 방식은 민주적이라고 보기 어려워요. 실제로 포퓰리즘은 민주주의 체제를 위협합니다. 그런데도 2010년대부터 미국, 영국, 프랑스, 헝가리, 오스트리아, 그리고 독일에서 수백만 명이 포퓰리스트를 선출했어요. 무엇이 유권자들을 움직이고 포퓰리스트에게 힘을 실어 주는 걸까요? 우리가 이들을 두려워해야 하는 걸까요? 포퓰리즘은 민주주의에 기여하는 바가 전혀 없는 걸까요? 우리는 정치인이 포퓰리즘 방식으로 말하는 걸 어떻게 알아챌 수 있을까요? 포퓰리스트가 이렇게나 많은 이유는 또 뭘까요?

민주주의는 끝없는 여정이에요. 진정한 민주주의자라면 몇 년에 한 번씩 선거하러 가는 것에 그쳐서는 안 돼요. 선거기간이 아니더라도 민주주의자답게 행동해야 하죠. 오늘날 포퓰리즘이 이렇게 문제가 된 건, 많은 사람들이 자신이 해야 할 일을 제대로 하지 못했기 때문이에요.

이 책은 포퓰리즘에 대해 끊임없이 질문하며 답을 찾고 있습니다. 그 과정에서 우리는 가장 중요한 문제를 해결해 나갈 실마리를 얻을 수 있겠지요. 바로 포퓰리스트에게 휘둘리지 않고 민주주의를 지켜 나가기 위해서 어떻게 대처해야 하는지 말이에요.

1부
오늘날의 포퓰리즘

전 세계에 부는 포퓰리즘 물결

◆

21세기 세계는 마치 '포퓰리즘의 시대'를 맞이한 것 같다.
미즈시마 지로, 일본 정치학자이자 작가

21세기의 포퓰리즘은 유럽에서 가장 활발하게 나타나고 있습니다. 유럽에서 포퓰리즘 정당이 요즘처럼 큰 성과를 거둔 적은 일찍이 없었어요. 거의 모든 국가의 의회에서 포퓰리스트들이 의석을 차지하고 있을 정도니까요.

사실 포퓰리즘은 선거 포스터처럼 늘 우리 주변에 있었어요. 정도의 차이는 있지만 포퓰리즘은 모든 정당이 이따금 사용하는 기술이거든요. 정치인들은 국민들에게 이해받기를 원합니다. 그래서 외래어를 피하고, 토크쇼에서 해명하며, 모두가 이해할 수 있는 쉬운 슬로건을 만들지요. 그러다가 누군가는 도에 지나친 말을 하고, 또 누군가는 몇몇 사실을 빠뜨려 말하는 바람에 오해를 사기도 해요.

언론도 일정 부분 포퓰리즘에 기여해 왔습니다. 주요 신문의 1면은 자극적인 헤드라인으로 가득하잖아요? 그러니 정치인들은 머리기사에 오르기 위해 스스로 포퓰리즘 방식으로 단순하고도 과격하게 말을 하게 되는 거예요.

예전에는 '포퓰리즘'이 상대를 비난하는 말로 쓰였어요. 누구도 자신이 포퓰리스트로 비치는 것을 원하지 않았죠. 사람들은 포퓰리스트가 입에서 나오는 대로 마음대로 말하고, 대중이 듣고 싶어 하는 말을 해 주는 사람이라고 생각했거든요.

하지만 오늘날 세계 곳곳에서는 이와 다른 급진적인 포퓰리즘이 자라고 있습니다. 세상을 '우리(선한 사람들)'와 '그들(악한 사람들)'로 나누지요. 이러한 포퓰리즘은 유권자들에게 점수를 따기 위한 기술적인 도구일뿐 아니라 그 이상의 전략이 됩니다.

단순하고 과격한 발언들,
포퓰리즘 방식일 수 있습니다!

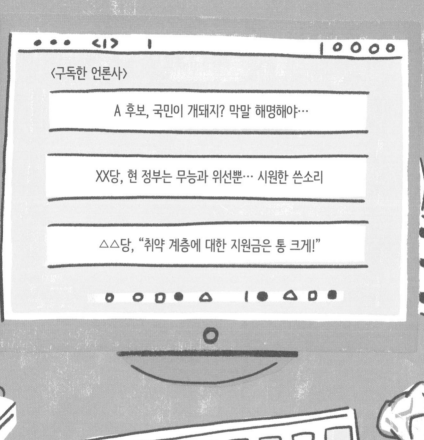

〈구독한 언론사〉

A 후보, 국민이 개돼지? 막말 해명해야…

XX당, 현 정부는 무능과 위선뿐… 시원한 쓴소리

△△당, "취약 계층에 대한 지원금은 통 크게!"

유럽을 휩쓴 포퓰리즘 정당

포퓰리즘이라는 단어는 여전히 대부분의 사람들에게는 부정적으로 들립니다. 하지만 현대의 급진적인 포퓰리스트들은 이 비난을 마치 훈장이라도 되는 것처럼 자랑스럽게 여겨요. 독일의 극우 정당 '독일을 위한 대안'의 창설자 가운데 한 명인 콘라트 아담도 그런 사람이에요. 그는 당원들이 모인 자리에서 "포퓰리즘이라는 비난을 상처럼 생각하자."고 말했지요.

프랑스의 우파 포퓰리즘 정당 국민연합의 대표 마린 르펜도 마찬가지예요. 그는 "포퓰리스트라는 게 대중을 위하고 대중을 정치의 중심에 놓는다는 의미라면 좋습니다, 나는 포퓰리스트입니다. 칭찬해 주시니 고맙습니다."라고 명확하게 말했어요.

이렇게 급진적인 포퓰리즘으로 유럽을 휩쓴 몇몇 정당들을 살펴볼까요?

네덜란드의 '자유당'

밝게 탈색한 헤어스타일의 헤이르트 빌더르스는 아마 유럽에서 가장 눈에 잘 띄는 포퓰리스트일 거예요. 인종차별 발언으로

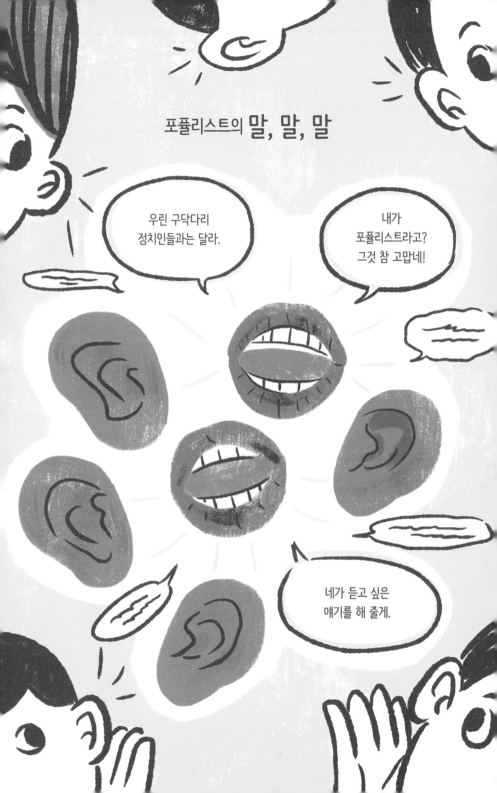

많은 논란을 불러일으켰죠.

빌더르스는 2006년 극우 정당인 자유당^{PVV}을 창당했습니다. 1인 정당이라 그 자신이 당 대표이면서 유일한 당원이에요. 지방 당 조직이나 청년 조직 같은 것도 없죠. 자유당의 의원은 당원이 아니라 빌더르스를 대신해 그의 정치적 비전을 펼치려 고용된 일종의 용병 같은 것입니다. 그래서 빌더르스는 의원들에게 절대적인 통제력을 발휘하고 있어요.

헤이르트 빌더르스의 모습. 빌더르스는 텔레비전 인터뷰나 토론은 피하고, 지지자들과는 주로 SNS를 통해 소통한다. ⓒ연합뉴스

그는 유럽연합 반대, 유로화 사용 중단, 반이슬람을 주장하며 도발적인 말과 행동을 자주 했습니다. 이슬람을 종교로 인정하지 않기 때문에 이슬람 국가 출신 이민자는 받지 않겠다고 했고, 이슬람교 경전인 『쿠란』을 금지해야 한다고 주장했지요. 또 이슬람 사원과 이슬람 학교를 모두 폐쇄하겠다고 말하기도 했어요.

빌더르스는 자기 정당 내부의 민주주의에 대해서는 그다지 진지하게 생각하지 않습니다. 혼자 선거 후보자를 공천하고, 정당의 강령도 대부분 혼자 정하거든요. 2017년 선거 결과 자유당은 13.1퍼센트의 득표율로, 네덜란드 정당들 가운데 두 번째로 높았어요.

프랑스의 '국민전선'(현재 '국민연합')

마린 르펜은 오늘날 유럽에서 최고참 포퓰리스트로, 가장 성공을 거둔 인물 중 하나이기도 합니다. 그는 국민전선[FN]의 창시자이자 극우 민족주의자 장 마리 르펜의 딸로, 2011년 아버지로부터 당 대표 자리를 넘겨받았어요.

르펜은 극우주의였던 국민전선을 몇 년 만에 유럽 포퓰리즘의 최고 함선으로 만들었습니다. 2017년 르펜은 대통령 선거에 출마해 반이민, 반세계화, 반이슬람 성격의 공약을 내걸었어요. 프랑스의 경기침체를 이민자 탓으로 돌렸지요. 그는 연간 1만 명 수준으로 신규 이민자 수를 줄이기 위해 외국인 근로자에게 특별세를 부과하겠다는 공약을 펼쳤습니다. 또 유럽연합과 북대서양조약기구 나토NATO를 탈퇴하겠다고도 했지요.

그해 르펜은 프랑스 대통령 선거에서 유권자 세 명 중 한 명의 선택을 받았어요.

이탈리아의 '오성운동'

오성운동을 창당한 사람은 베페 그릴로입니다. 원래 그는 정치, 사회를 풍자하는 개그로 이름을 떨친 코미디언이었어요. 활발히 SNS 활동을 하면서 '깨끗한 국회 만들기' 캠페인을 벌이기도 했죠. 그러다가 2009년 그릴로는 기성 정치의 부패 척결, 직접민주주의 실현, 유럽연합 반대를 주장하며 오성운동M5S을 창당했습니다. 오성운동은 전 국민 인터넷 무료 제공, 기본소득 보장, 자유무역 반대 등 포퓰리즘 공약을 내세워 인기를 얻었어요.

이 정당은 경제위기 뒤 기존 정치권에 환멸을 느낀 젊은 세대의 지지를 받으면서 크게 성장했습니다. 이탈리아 의회는 이원

오성운동을 창당한 베페 그릴로의 모습. 오성운동은 선거에 나갈 후보와 주요 정책을 인터넷 투표로 결정한다.
ⓒ연합뉴스

제로 상원과 하원 의원 모두 국민의 직접선거로 선출됩니다. 오성운동은 초반에는 이탈리아 언론과 정치권의 비웃음을 샀지만, 2013년 총선에서 상원 315석 중 54석을, 하원 630석 중 109석을 얻어 원내 3당이 됐어요. 2018년 총선에서는 득표율 32.7퍼센트를 차지하며 기성 정당을 제치고 이탈리아 최대 정당으로 올라섰지요.

그리스의 '급진좌파연합'

2015년 그리스에서는 급진적인 좌파 포퓰리즘 정당인 '급진

좌파연합', 별칭 '시리자Syriza'가 총선에서 35.5퍼센트를 득표하며 압승을 거두었습니다.

당시 급진좌파연합은 유럽연합의 긴축정책(국가 재정 기초를 튼튼히 하기 위해 나랏돈의 지출을 줄이려는 정책)에 반대하는 사람들의 지지를 받아 정권을 잡았습니다. 극단적인 구조조정과 긴축 재정(예산의 규모를 줄이려는 것)에 맞서 경제 주권을 주장했지요.

급진좌파연합에서 발행하는 매체에서는 그리스에 구제금융을 핑계로 긴축정책을 강요하던 독일의 재무부 장관 볼프강 쇼이블레의 캐리커처를 실었습니다. 군복을 입은 쇼이블레는 그리스인들을 태워 죽이는 나치 군인으로 그려졌죠.

에스파냐의 '포데모스'

'우리는 할 수 있다'라는 뜻의 포데모스Podemos는 2014년 창당된 좌파 포퓰리즘 정당입니다. 2015년 지방선거를 거치면서 에스파냐의 주요 정당 중 하나로 떠올랐죠.

정당이 세워진 건 2014년이지만 그 기반은 더 오래전에 벌어진 시위운동이었습니다. 2011년, 경제위기로 정부가 공공서비스를 삭감하며 긴축정책을 펼치자 이에 항의하는 젊은이들이 시위를

도대체 포퓰리즘이 뭐야?

주도했어요. 이것이 점차 사회운동 조직으로 발전하다가 마침내 좌파 정당 포데모스가 된 거예요. 반유럽연합, 반긴축정책, 공공복지 확대, 기본소득 보장 등의 정책을 펼치며 인기를 얻었지요.

포데모스는 디지털을 활용한 직접민주주의를 주장해요. 시민들은 포데모스 당원이 아니어도 인터넷과 휴대폰 애플리케이션을 통해 후보자를 정하고 정책을 제안할 수 있어요. 총선 후보도 시민들의 온라인 투표로 결정되고요.

2016년 총선 결과 포데모스는 21.1퍼센트로, 세 번째로 강력한 정당이 되었어요.

포데모스를 창당한 파블로 이글레시아스의 모습. 포데모스는 창당한 지 2년도 되지 않아 원내 세 번째 정당으로 올라섰다. ⓒ연합뉴스

독일의 '독일을 위한 대안'

독일을 위한 대안^{AfD}은 극우 포퓰리즘 정당으로 2013년 창당 되었습니다. 2015년 당시 메르켈 총리가 난민 포용 정책을 추진 하자 다른 정당들과 달리 이에 반대하며 주목을 받았죠.

이 정당은 독일에서 이슬람 극단주의자의 테러와 이민자 범 죄가 증가하자 반난민, 반이슬람을 주장하며 보수 중산층으로부 터 큰 지지를 받았습니다. 고위급 당원인 마르쿠스 프론마이어는 2016년 7월에 "이후에는 유럽으로 오는 단 한 명의 이슬람교도 도 없어야 한다."고 말하기도 했어요.

독일은 각각 자치권을 가진 16개의 주로 구성된 연방국으 로, 독일의 의회는 국민이 직접 선출하는 연방의회(연방 하원)와 16개 주 정부가 임명하는 연방참사원(연방 상원)으로 이루어져 있습니다.

독일을 위한 대안은 2017년 총선에서 12.6퍼센트의 지지로 94석을 차지해 처음으로 연방의회에 진출했습니다. 극우 정당이 독일 의회에 진출하며 무시할 수 없는 정치 세력으로 자리를 잡 자 당시 독일 사회는 발칵 뒤집혔지요.

이런 일은 끝없이 이어질 수 있습니다. 스웨덴과 오스트리아,

또 노르웨이에도 포퓰리스트가 있어요. 헝가리와 폴란드, 슬로바키아에서는 포퓰리스트들이 정권을 쥐기도 했지요.

일반적으로 에스파냐와 그리스, 이탈리아와 같은 남부 유럽에는 좌파 포퓰리즘이 번성합니다. 이 국가들은 실업률이 높고, 2008년과 2009년 경제위기 이후 빚이 아주 많아요. 남부 유럽의 많은 사람들은 정치인, 대기업, 유럽연합, 글로벌 금융시장과 같은 정치 엘리트들은 나쁘다는 인상을 갖고 있어요.

부유한 북부 유럽과 미국에는 무엇보다도 우파 포퓰리즘이 번성합니다. 이곳에서는 외국인, 특히 난민을 위협적인 존재로 받아들이는 사람들이 많아요. 내국인의 복지를 빼앗아 갈 이방인으로 간주하는 것이지요. '세계를 향해 열려 있는 나라'와 '국경을 걸어 잠그는 나라' 중에 무엇을 선호하는지 물었을 때, 2017년에 독일을 위한 대안을 선택한 유권자의 85퍼센트는 국경을 걸어 잠그는 나라를 선택했습니다.

이렇듯 현대의 우파 포퓰리스트들은 정치 엘리트들만 거부하는 게 아니라 이방인도 거부합니다. 그래서 포퓰리스트 정치인들은 의식적으로 누군가를 배제하고, 불안을 부추기며, 혐오를 만들어 내지요.

유럽의 우파 포퓰리스트는 좌파 포퓰리스트에 비해 영향력이
더 큽니다. 이 책에서는 주로 우파 포퓰리즘과 그 문제점을 살펴
볼 거예요. 다음 장에서는 이렇게 급진적인 포퓰리즘이 발생하게
된 역사적인 배경을 살펴보려고 합니다.

도대체 포퓰리즘이 뭐야?

포퓰리즘의 역사적 배경

◆

정치 문제는 너무나 중요해서 정치인들에게만 맡겨 둘 수 없다.

한나 아렌트, 독일 출신 정치학자이자 작가

독일에 커다란 영향을 끼친 사건으로 이야기를 시작하려 해요. 바로 난민 이야기입니다. 난민은 인종, 종교, 국적, 정치적 견해 등으로 인한 박해와 빈곤, 자연재해 등을 피해 다른 나라로 가는 사람을 말해요. 독일은 난민 최대 수용국 중 하나입니다. 난민 이슈가 국제적으로 논의되고 있는 2010년대부터의 상황을 여러분에게 들려줄게요.

거대한 이주의 물결

어느 해 난민 수십만 명이 국경을 넘어 독일로 왔습니다. 고국에서 벌어진 전쟁을 피해 온 남성들이 많았지요. 독일의 보호를 받고자 이렇게 많은 사람들이 찾아온 일은 일찍이 없었어요.

하지만 독일의 모든 국민이 팔을 활짝 벌리고 난민을 환영한 것은 아닙니다. 그들은 독일인과 다른 언어를 쓰고, 다른 음식을 먹고, 다르게 기도했으니까요. 정치인들은 난민 유입을 제한해야 한다고 경고했어요. 독일인 스스로가 고국에서 이방인이 됐다는 말이 거리에서 들렸죠. 앞으로는 '경제적 기생충'이, 기껏해야 빈곤을 피해서 도망친 사람들이 망명 신청을 해서는 안 된다고 주장했어요. 선거 운동원들은 '망명 신청 악용 금지'와 같은 포스터를 가로등에 붙였습니다. 독일을 공격하려는 자들이 난민과 섞여서 국경을 넘어올 수도 있다고 불안해하는 사람들도 있었고요.

많은 독일인들이 혼란에 빠졌어요. '이 많은 망명 신청자들을 어떻게 하지? 이들은 어디서 살아야 해? 학교는 어디에서 다니지? 독일어를 못하는데 어떻게 배우지?' 하는 걱정으로 가득했죠.

몇몇 정치인들은 이미 오래전부터 이런 일이 일어날 것을 두

도대체 포퓰리즘이 뭐야?

려워했습니다. 난민의 수
가 5천만 명에 도달할 거
라고 했어요. 그렇게 몇
개월이 흐르자 독일 사람
들의 표정이, 말과 행동이
점점 거칠어졌습니다. 격
정적인 연설 뒤에는 난민
수용소에 불을 붙이는 일
까지 벌어졌고요.

2015년 독일에서 열린 난민 정책 반대 시위 모습. 독일을 위한 대안 당원들은 메르켈 전 총리를 이슬람교 여성으로 표현한 포스터를 들고 메르켈 정권을 비난했다. ⓒ연합뉴스

이 이야기가 2015년부
터 2016년에 있었던 난민
위기라고 생각한다면 착각이에요. 여기서 묘사한 일은 1991년부
터 1992년에 독일에서 벌어진 일이거든요. 1990년~1993년 사
이에 120만 명이 넘는 망명 신청자가 독일로 들어왔습니다. 그
중 많은 사람이 지금은 사라진 유고슬라비아 출신의 전쟁 난민
이었어요.

당시 사회주의연방을 유지하던 소련(현재의 러시아와 그 연방
국), 유고슬라비아, 체코슬로바키아(현재 체코와 슬로바키아로 나

님)는 사회주의 체제가 붕괴하면서 해체된 상황이었습니다. 소련과 체코슬로바키아는 비교적 평화롭게 해체된 반면, 유고슬라비아는 전쟁이 일어나 크로아티아, 슬로베니아, 세르비아 등으로 갈라지면서 난민의 수가 급격히 증가했었지요.

1991년과 2015년에 있었던 난민 위기는 무척이나 비슷합니다. 포퓰리즘이 위기의 시대에 가장 잘 번창한다는 사실을 보여주었죠.

독일은 제2차 세계대전이 끝난 뒤부터 1990년까지 동독과 서독으로 갈라진 분단국가였습니다. 그러다가 1990년 10월 3일, 사회주의 체제의 동독이 자본주의 체제의 서독으로 편입되며 41년 만에 독일은 하나의 국가로 통일되었어요.

당시 총리였던 헬무트 콜은 동독에 '꽃피는 풍경'을 약속했습니다. 하지만 실제로는 급진적 통일로 인해 동독의 국내총생산^{GDP}이 30퍼센트 이상 떨어지고, 실업률이 크게 오르는 등 해결되지 못한 수많은 경제적 문제들이 가득했어요.

1991년 5월, 콜 총리가 할레(독일 동부에 위치한 도시)를 방문했습니다. 그는 어떤 일이 벌어질지 예상하고 있었어요. 분노한 시위대가 "거짓말쟁이, 거짓말쟁이!" 하고 고함을 지르며 달걀을

헷갈리는 체제 개념 바로잡기

주요 경제체제 비교

주요 정치체제 비교

자본주의

사유재산제도를 바탕으로
자유로운 경제활동이
보장되는 경제체제

민주주의

다수의 국민이 나라의
주인으로서 권리를 갖고,
그 권리를 행사하는 정치제도

사회주의

생산수단을 개인이 아닌
사회가 소유하여 공동으로
활용하는 경제체제

독재

민주적인 절차를 부정하고
통치자가 독단으로 행하는
정치형태

아하, 그렇구나!

대한민국은 민주주의이자
자본주의 국가야.

던졌어요. 콜 총리는 달걀을 던진 사람에게 달려갔고, 경호원들은 그가 달걀을 던진 사람을 폭행하려는 것을 가까스로 뜯어말렸지요.

한 해 뒤인 1992년에는 '정치 혐오'가 올해의 단어로 등극했습니다. 당시 독일의 분위기를 잘 보여 주는 단어였어요. 정치인들이 국민들의 믿음을 저버리거나 더 이상 국민의 뜻을 대변하지 못하고 있다는 의미를 담은 말이었죠.

이 패턴은 포퓰리즘 역사에서 반복됩니다. 위기에는 정치 혐오가, 정치 혐오에는 포퓰리즘 물결이 따라오죠. 포퓰리즘은 다시 정치 혐오를 강화하고, 이는 민주주의의 위기로 이어져요. 포퓰리스트들은 이 악순환에서 이득을 얻습니다.

정치 현상으로서 포퓰리즘 등장

포퓰리즘이 정치 현상으로 등장한 것은 19세기 말 미국이에요. 1861년에서 1865년까지 벌어진 남북전쟁(노예제도 폐지를 주장하는 미국 북부와 유지를 주장하는 남부 사이에 일어난 내전)은 미위기, 혐오, 불신, 불안……
포퓰리즘이라는 괴물을 키우는 주범!

국에 경제위기를 불러왔습니다. 철강, 철도 등 거대 기업이 시장을 독점한 반면, 노동자들의 생활은 불안했고 장시간 노동을 강요당하기까지 했어요. 중서부나 남부의 농민들은 빚까지 떠안아 더 궁핍해져 갔지요.

1880년대 후반의 심각한 가뭄은 상황을 더욱 악화시켰습니다. 옥수수와 목화 가격은 내렸지만 생산 비용은 더 올랐어요. 농민들이 보기에 책임은 대기업과 은행, 철도 회사에 있었어요. 이들은 시장에서 산업을 독점적으로 차지하며 농민들에게 경제적 부담을 떠안게 했으니까요.

게다가 중국에서 온 이주자들은 적은 돈을 받고도 일했으므로 임금은 더 내려갔습니다. 위기에 처한 농민들은 국가로부터 버림받았다고 느꼈어요. 정치적으로 자신들을 대변하는 사람이 없다고 느낀 것이죠.

이런 반항심에 1892년 농민들은 인민당^{People's Party}을 창립했습니다. 다른 이름으로 '포퓰리스트당^{Populist Party}'이라고도 불렀지요. 인민당은 기업 독점에 대한 규제, 노동자 보호, 정치 민주화 등의 정책을 펼쳤어요.

인민당은 농업 지역에서는 지지가 높았지만 도시 지역으로까지 확산되지 못하는 등 여러 한계에 부딪히며 1908년 역사 속으로 사라졌습니다. 하지만 인민당은 보통 사람들이 기반이 되어 기성 정치를 비판했다는 점, 구체적이고 급진적인 개혁을 주장했다는 점, 널리 퍼질 수 있도록 모

1892년 미국 인민당의 로고를 재현한 그림.
©Tpwissaa 출처: 위키피디아

두가 이해할 수 있는 쉬운 말을 사용했다는 점 등 훗날 이루어진 정치운동에 커다란 영향을 끼쳤어요.

30년도 더 지난 후 미국은 다시 한번 경제적인 대재난에 부딪혔습니다. 1929년, 뉴욕 주가의 폭락을 시작으로 모든 자본주의 국가들의 경제활동이 마비된 이른바 대공황Great Depression이 발생한 거예요. 이때 루이지애나주의 주지사 휴이 롱은 '부의 재분배Share Our Wealth'를 계획했습니다. 그는 누구도 5백만 달러 이상을 소유해서는 안 되고, 모든 가족은 일종의 기본소득을 받아야 하며, 이 기본소득으로 최소한 집 한 채와 자동차 한 대, 기타 생활에 필요한 것들을 살 수 있어야 한다고 주장했습니다.

롱의 계획은 현실적으로는 실현 불가능한 것이었지만, 당시 대

통령이었던 프랭클린 루스벨트는 부담을 느꼈어요. 롱의 의제가 점점 더 인기를 얻었기 때문이에요. 그는 지키기 어려운 약속을 했지만, 그 약속의 영향력은 컸습니다. 1935년 미국 상원은 처음으로 실업보험과 노인 연금보험을 제공하는 법을 실시했습니다. 미국 의회는 상원과 하원으로 나뉘는데, 그중 국가 차원의 큰 결정을 내리는 상원에까지 영향을 미친 것이지요.

그로부터 다시 30년이 지난 뒤, 이번에는 조지 월리스가 정치 무대에 나섰습니다. 앨라배마주 출신의 이 포퓰리스트는 1968년에 대통령 후보로 나서서 13.5퍼센트를 얻었어요. 그는 인종분리정책(인종별로 생활공간, 공공시설 등을 강제로 분리시키는 정책)에 찬성하며, 1963년에는 앨라배마대학교에 등록하려는 흑인 두 명을 직접 막아서기도 했습니다. 그가 보기에 인종분리정책이 폐지됐다는 사실은 정부가 너무 강력해졌다는 신호였지요.

월리스는 1967년에 한 인터뷰에서 이렇게 밝혔어요.

"이 나라에는 '큰 정부'에 반대하는 저항운동이 있습니다. 바로 국민의 운동입니다. 정치인들이 이 운동을 방해한다면, 그들 중 많은 수가 거리에서 평범한 사람들에게 짓밟힐 것입니다. 직물 공장이나 제철소 노동자, 미용사, 경찰들에게 말이지요." 이때 쓰인

지나치게 강력한 정부를 의미하는 '큰 정부'라는 용어는 오늘날까지도 정치적으로 다른 편을 공격하는 전투적인 의미로 사용돼요.

미국에서 민주당^{DP}과 공화당^{GOP}은 양당 체제라고 불릴 만큼 막강한 힘을 가지고 있어요. 그래도 월리스와 같이 거대 양당 소속이 아니거나 무소속인 후보들도 대통령 선거에서 어느 정도의 성과를 거두지요. 특히 이들이 포퓰리스트로 나서서 기존의 정치 시스템을 반대하고 비난할 때는 더 큰 지지를 얻습니다.

이렇듯 19세기에 인민당이 창립된 이후로 미국에서는 포퓰리즘 물결이 반복해서 일어났습니다. 이들의 요구는 서로 달랐어요. 어떤 이들은 더 많은 세금을, 또 어떤 이들은 적은 세금을 원했어요. 어떤 이들은 외국인에게 적대적이고 인종차별적이었지만, 또 어떤 이들은 그렇지 않았지요. 공통점이라 하면 이들은 대통령을 비롯한 기성 정치인들, 즉 '저 위에 있는 사람들'이 더는 국민을 대리하지 않는다고 믿었다는 거예요.

2008~2009년 또 한 차례의 경제위기가 닥치자, 보수주의 성향의 사람들이 티 파티 운동^{Tea Party Movement}을 벌였습니다. 이는 1773년 미국 보스턴에서 일어난 보스턴 차 사건^{Boston Tea Party}에서 따온 이름이었어요. 당시 통치국이었던 영국이 식민지 미국에는 과

2010년 10월, 미국 보수주의 유권자들이 티 파티 운동을 펼치는 모습. 이들은 당시 대통령이었던 오바마의 정책을 비판하며 대립했다. ⓒ연합뉴스

도한 세금을 부과하고, 본국에서 만든 차를 독점 판매하려고 하자, 이에 반발한 미국인들이 배에 실려 있던 차 상자를 바다에 던져 버렸던 사건이죠. 다만 21세기의 티 파티 운동의 분노는 높은 세금과 엄격한 총기 규제법을 향했습니다. 다시 말해서 정부가 위에서 명령하는 것에 반대한 거예요.

도널드 트럼프도 이 포퓰리즘 물결에서 이득을 얻었습니다. 티 파티 운동 지지자들이 2016년 미국 대통령 선거전에서 그를 지원했거든요. 트럼프는 선거전에서 언제나 자신은 정치인이 아닌

듯이 행동했습니다. 국민과 연합하여 정부에 대항하는 사람, 그러므로 기존의 정치 시스템에 속하지 않는 사람으로 행동한 것이죠.

경제위기는 우파뿐 아니라 좌파 시위운동도 불러일으켰습니다. 2011년 에스파냐에서는 좌파 포퓰리즘 정당 '포데모스'를 탄생시킨 인디그나도스 Indignados 운동이 일어났어요. '분노한 사람들'이라는 뜻의 이 운동은 경제위기 이후 긴축정책과 부패한 기존 정치권에 대한 반감으로 시작되었습니다. 에스파냐의 수도 마드리드에 있는 광장에서 열린 집회를 시작으로, 전국의 모든 광장을 점거하는 운동으로 번져 갔지요.

인디그나도스 운동이 시작되고 얼마 뒤 미국의 젊은이들도 국내 소득 불균형에 항의하며 시위를 벌였습니다. 경제학자 토마 피케티와 이매뉴얼 사에즈의 연구에 따르면, 당시 미국 최상위층 1퍼센트가 전체 소득의 5분의 1을 차지했다고 해요.

그렇게 2011년 9월, 뉴욕 증권가 월가에서는 빈부격차와 금융 기관의 부도덕성에 항의하는 시위가 일어났습니다. 이들은 1퍼센트의 부자에 저항하는 99퍼센트 미국인의 입장을 대변한다는 의미로 "우리가 99퍼센트다!"라는 구호를 외쳤어요.

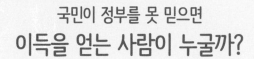

국민이 정부를 못 믿으면
이득을 얻는 사람이 누굴까?

나중에 미국의 시위대는 그들의 요구를 정치적으로 지원할 영향력 있는 정치인을 찾아냈습니다. 바로 버니 샌더스 상원의원이었지요. 2015년 4월, 스스로 사회주의자라고 칭한 그는 미국 대통령직 후보에 나서기로 결정했습니다. 샌더스는 '혁명'으로써 '억만장자 계층'의 힘을 빼앗기 위해 싸우겠다고, 그러나 평화로운 혁명이 될 거라고 강조했습니다.

과거 포퓰리스트들의 요람인 캔자스주와 네브래스카주의 대통령 후보 예비 경선에서 그는 같은 당 동료인 힐러리 클린턴에게 승리했습니다. 하지만 전국적으로는 클린턴의 득표수가 더 많았기 때문에 클린턴이 공화당 도널드 트럼프에 대항하는 민주당 대통령 후보로 나서게 되었던 거예요. 훗날 캔자스주와 네브래스카주의 많은 유권자들은 우파 포퓰리스트인 트럼프를 선택했습니다. 이렇게 포퓰리즘은 자신의 고향인 미국 중서부로 다시 돌아오게 되었지요.

포퓰리스트를 알아보는 방법

◆

나는 포퓰리즘을 규정하는 한 가지 속성이 있다고 믿지 않는다. …… 특정한 지역에서,
특정한 시기에, 특정한 포퓰리즘의 특정한 속성이 있을 뿐이다.

이사야 벌린, 영국 정치사상가

정치학자들은 하나의 포퓰리즘은 없다고 강조합니다. 포퓰리즘은 나라마다, 사람마다 조금씩 다른 모습으로 나타나지요. 그래도 국경을 넘어서는 몇몇 공통점도 있습니다.

모든 포퓰리스트가 아래에 소개하는 기준을 다 충족하는 것은 아닙니다. 하지만 21세기 민주주의를 위협하는 포퓰리스트들을 가려내기 위해서는, 포퓰리스트의 10가지 특징을 알아 두는 게 도움이 될 거예요.

도대체 포퓰리즘이 뭐야?

❶ 포퓰리스트는 복잡한 문제에 터무니없이 간단한 해결책을 제시한다

2017년 독일 연방의회 의원 선거를 치른 저녁, 독일을 위한 대안의 알렉산더 가울란트는 토크쇼에서 '당신이 속한 정당이 독일의 변화를 위해 건설적인 제안을 할 수 있는가?'라는 질문을 받았어요. 이에 그는 "그건 지금 우리가 할 일이 아닙니다. 우리는 이 나라를 지금까지 유지된 모습대로 지키려 합니다. 난민 위기로부터 지킨다는 말이지요."라고 대답했습니다. 신중하게 고민해야 하는 복잡한 문제에 터무니없이 간단한 해결책을 제시한 것이죠. 포퓰리스트들은 바로 이런 방식으로 일해요. 단순한 해결책은 즉흥적인 감정에서 나온 말이고, 충분히 심사숙고하지 않고 내뱉는 경우가 많습니다.

2016년 여름, 독일을 위한 대안의 마르쿠스 프론마이어는 이런 제안을 내놓았어요. "이슬람의 테러 공격이 늘었다고? 그럼 이슬람교도가 유럽으로 들어오지 못하게 하면 되지!" 이러한 프론마이어의 논리를 따르자면 젊은 남성들에게는 자동차 열쇠도 주어서는 안 돼요. 통계적으로 이들이 가장 자주 사고를 내니까요.

또 그의 논리대로라면 담배도 법적으로 금지해야 합니다. 독일에서 매일 300~400명이 흡연 부작용으로 사망하니까요.

포퓰리스트는 정치적 문제를 해결하는 것을 우선으로 하지 않습니다. 일단 정치적 희생양부터 찾으려는 사람들의 욕구를 이용하지요.

❷ 포퓰리스트는 '우리'와 '그들'로 나눈다

1990년 독일이 통일하기 몇 달 전, 동독의 분노한 시민들은 거리로 나와 "우리가 국민이다!"라고 외쳤습니다. 이들은 당시 동독의 비민주적인 정권에 대항해서 시위했고 마침내 정권을 무너뜨렸지요.

한 나라의 모든 국민이 모여 "우리가 국민이다!"라고 외친다면 그 말은 실제로도 옳아요. 그러나 포퓰리스트들은 이 말을 조금 다른 의미로 쓰곤 합니다. 그들이 말하는 "우리가 국민이다!"라는 말은 "우리만 국민이다. 다르게 생각하는 사람, 다르게 생긴 사람, 종교가 다른 사람, 너희는 국민이 아니다."라는 뜻이에요. 독일의

우파 포퓰리스트가 말하는 '다른 사람'이란 그들이 적대적으로 보는 정치인과 이슬람교도, 난민, 또는 외국인 전체를 일컬어요. 프랑스와 헝가리, 스위스와 오스트리아도 같은 상황이지요. 좌파 포퓰리스트도 우리가 아닌 다른 사람을 배제하는 것은 똑같습니다. 그들은 이방인 대신 경제, 정치 엘리트에게 적개심을 보이죠.

"우리 포퓰리스트만이 국민의 진정한 대리인이다. 우리가 정권을 잡으면 모든 것이 좋아진다. 우리가 통치하지 않으면 국민이 통치하지 않는 것이다. 우리가 선출되지 않는 한 국민은 독재정권 아래에서 산다. 국민의 뜻에 귀를 기울이지 않는 모든 정치인은 국민의 배신자다." 바로 이것이 포퓰리스트들이 주장하는 논리예요.

❸ 포퓰리스트는 불안을 부추긴다

위기는 사람들을 불안하게 만듭니다. 자신이 누리는 삶과 복지와 문화가 위험에 처할 수 있기 때문이에요. 구태여 포퓰리스트가 불안을 불러일으킬 필요도 없어요. 불안은 이미 도처에 깔려 있으니까요. 불안에 맞서 싸우거나 불안을 부추기는 것, 포퓰리스트들은 그중 후자를 선택합니다. 그들은 대재난 시나리오를 예고하고, 내전이 임박했다거나 나라가 몰락할 것이라고 이야기하지요.

실제로 2015년 10월, 독일을 위한 대안의 뵈른 회케는 연설 중에 "우리가 난민 유입을 멈추지 않는다면 내전이 일어날 것입니다."라고 말했어요. 2017년 연방의회 의원 선거 직후 독일을 위한 대안의 대표였던 프라우케 페트리도 인터뷰에서 비슷한 말을 했어요. "우린 독일에서 내전이 일어나는 걸 바라지 않습니다!" 이런 말은 정말로 내전이 일어날지도 모른다는 불안감을 조성합니다.

사람들은 경찰이 느닷없이 집 초인종을 누르고 이런 말을 하는 모습을 상상하게 돼요. "안녕하세요. 안심하셔도 됩니다. 이 동네에는 중무장한 마약 범죄 조직이 없어요." 그 말을 듣고 '와, 다행이다! 안심하고 푹 잘 수 있겠어.'라고 생각하는 사람은 아마 없을 거예요. 오히려 반대로 경찰이 갑자기 찾아와 '중무장한 마약 범죄 조직'이라는 말을 했기 때문에 불안해질 거예요. 대체 경찰이 왜 날 찾아온 거지? 혹시 이 동네에서 어떤 일이 벌어진 거

아니야? 하는 생각이 들겠죠.

사람들의 불안감이 커지면 포퓰리스트는 이득을 얻습니다. 불안에 떠는 유권자들은 이 상황을 해결해 줄 사람을 찾기 마련이니까요.

❹ 포퓰리스트는 스스로를 민주주의의 마지막 구원자라고 생각한다

도널드 트럼프는 2016년 미국 대통령 선거전에서 이렇게 외쳤어요. "시스템을 나보다 잘 아는 사람은 없습니다! 그러므로 오직 나만이 다시 고칠 수 있습니다." 이처럼 포퓰리스트는 자기 자신을 국민의 구원자라고 생각합니다.

에스파냐의 좌파 포퓰리즘 정당인 포데모스의 대표는 에스파냐가 '민주주의'와 '야만 상태' 중에서 하나를 골라야 한다고 말했어요. 포데모스를 뽑아야 민주주의가 유지된다는 의미였지요. 반면 유럽의 우파 포퓰리스트들은 '독재자'와 '독재정권'이라는 말을 자주 합니다. 이 단어는 종종 유럽연합을 가리켜요. 그들의 입장에서 보자면 강압적인 정책을 밀어붙이며 주권을 침해하는 유럽연합에 맞서, 자신들이 민주주의를 지키겠다는 뜻이죠.

포퓰리스트들은 자기 나라의 정치체제가 부패하고, 교만하고, 파산 상태라고 간주합니다. 독일을 위한 대안의 고위급 정치인들은 자신들의 정당이 '독일이 나아갈 마지막 기회'라고 말해요. 독일을 위한 대안을 뽑지 않으면 폭력적인 사태가 일어날 것이니 자신들을 선출하라는 뜻에서요.

이탈리아 오성운동의 베페 그릴로도 비슷한 말을 했습니다. 미국 주간지 《타임》과 진행한 인터뷰에서 그는 "우리는 의회의 100퍼센트를 원합니다. 20이나 25, 30퍼센트가 아니에요."라고 명확하게 자신의 생각을 밝혔지요. 이 말은 서로 다른 정치적인 의견을 자유롭게 표현하고 조율하는 현재의 민주적인 정치체제를 폐지하라고 요구하는 것이나 다름없는 거예요.

포퓰리스트가 이미 정권을 잡은 나라는 이보다 더 간단합니다. 포퓰리즘 시각에서 볼 때, 정적(정치적으로 대립된 위치에 있는 사람)은 그다지 눈치를 봐야 하는 존재가 아니에요. 그들은 국민을 대신하지 않는다고 간주하니까요.

헝가리의 빅토르 오르반 총리는 비자유 민주주의^{illiberal democracy} 국가를 만들겠다고 선포하기도 했습니다. 이는 말 그대로 형식적으로는 민주주의지만 실질적으로는 자유를 통제하겠다는 뜻이었죠.

❺ 포퓰리스트는 다른 정치인들을 무시하고 경멸한다

포퓰리스트는 다른 정치인들을 구식 정당, 기득권층, 시스템 등이라 부르며 상당히 창의적인 별명을 붙이기도 합니다. 이런 별명을 통해 상대방이 구식 정당이라 경제위기도, 난민 문제도, 유럽 공통의 통화인 유로화가 개별 국가에서 일으키는 재정적 문제도 해결할 수 없다고 드러내는 것이죠. 게다가 구식 정당들이, 그들의 권력을 제약하려는 자신 같은 사람을 막고자 똘똘 뭉친다고 비난하기도 해요.

독일을 위한 대안의 베아트릭스 폰 슈토르히는 독일 정치인들이 스스로 알지 못할 만큼 국민들과 멀리 떨어져 있다고 말했습니다. 이들은 안락하게 꾸민 폐쇄된 곳에 살고 있고, 국민들과의 연결 고리가 없어 국민들을 전혀 이해하지 못한다고 말이에요. 에스파냐의 포데모스 대표도 정치 엘리트는 국민들로부터 완전히 동떨어져 있다고 간주했고요.

정적 비난은 오래된 관습이에요. 하지만 포퓰리스트는 비난을 넘어 계속해서 증오를 부추깁니다. 이따금 정적들이 하지 않은 말을 했다고 하거나 왜곡하여 인용하기도 하죠.

독일 사회민주당^{SPD} 총리 후보였던 마르틴 슐츠는 2016년 6월 연설 중 다음과 같은 말을 했어요. "난민이 우리에게 가져다주는 것은 황금보다도 더 가치가 있습니다. 유럽의 꿈을 향한 확고부동한 믿음입니다. 우리가 어느 사이엔가 잃어버린 꿈이지요."

독일을 위한 대안은 이 말에서 '우리에게 가져다주는 것'을 생략했습니다. 마치 슐츠가 "난민이 황금보다 가치가 있다."라고 말한 것처럼 보였죠. 그러자 어떤 언론인은 텔레비전 토론 대결에서 슐츠가 난민이 황금보다 가치 있다는 주장을 했다며 그를 공격하기도 했습니다.

❻ 포퓰리스트는 정적을 향해 수사 협박을 한다

2016년 10월, 도널드 트럼프와 힐러리 클린턴이 텔레비전 토론 대결에서 맞붙은 모습처럼 미국인들이 잊기 힘든 장면도 드물 겁니다. 선거까지는 겨우 몇 주밖에 남지 않았었고, 당시 약 6650만 명이 그 방송을 시청했지요.

트럼프는 생방송에서 정적인 클린턴을 노려보며 자신이 대통령이 되면 특별수사관을 임명할 거라고 말했어요. 특별수사관의 유일한 임무는 힐러리 클린턴이 지은 죄를 찾아내는 것이라고 했죠. 그때만 해도 대통령이 될 희망에 차 있던 클린턴은 이렇게 대답했어요. "도널드 트럼프처럼 혈기 왕성한 사람이 이 나라에서 법을 만들지 않는다는 게 정말 다행스럽습니다." 그 말에 트럼프가 싸늘하게 대꾸했습니다. "그랬다가는 당신이 교도소에 있었을 테니까요."

2017년 트럼프가 미국 대통령이 되기는 했지만, 예고와는 달리 힐러리 클린턴을 수사할 특별수사관은 임명하지 않았어요. 하지만 위협 자체만으로도 그는 목표한 바를 이루었어요. 클린턴을 자극했고, 자신의 지지자들을 환호하게 만들었으니까요.

정적을 향한 수사 협박은 독재자들이 즐겨 사용하는 방법이지만 포퓰리스트는 별 거부감 없이 이 방법을 씁니다. 이전에 독일에서 "메르켈을 감옥으로!"는 포퓰리즘 성향의 시민들이 좋아하는 구호였습니다. 독일을 위한 대안은 이들을 부추겼지요. 2017년 선거전에서 독일을 위한 대안의 고위 인사들은 당시 앙겔라 메르켈 총리를 법정에 세워야 한다고 여러 번 말했습니다. 총리가 난민 문제와 재정적 위기 상황에서 독일 법률과 유럽 법률을 어겼기 때문이라면서요.

❼ 포퓰리스트는 분위기를 부추기려고 도발한다

포퓰리스트들은 민주주의 국가에 살면서도 독재체제에서 쓰인 용어를 사용합니다. '국민의 배신자', '거짓 언론', '민족적'과 같은 용어는 나치들이 즐겨 사용한 것이었어요.

나치Nazi란 1933년부터 1945년까지 독일의 정권을 장악했던 정당의 이름입니다. 정식 명칭은 '국가사회주의독일노동자당'이지만 흔히 나치라 불리지요. 나치의 우두머리는 제2차 세계대전을 일으킨 장본인이자 인류 역사상 최악의 독재자라 불리는 아돌프 히틀러였습니다. 히틀러는 하나의 민족에 기반을 둔 독일이 세계를 거느리는 대제국이 되기를 꿈꿨어요. 그래서 정권을 잡은 뒤 이른바 '인종법'을 제정해 인종차별을 자행했죠.

특히 히틀러는 유대교를 믿는 민족, 즉 유대인을 배척했습니다. 결국 약 600만 명에 이르는 유대인이 이 잔혹한 독재자 손에 목숨을 잃었지요. 독일뿐 아니라 전 세계의 상처로 남은 이 일을 포퓰리스트들은 정치적인 의도를 가지고 사용하는 거예요.

네덜란드 극우 정당인 자유당의 헤이르트 빌더르스는 네덜란드에 있는 모로코인들에게 칫솔로 축구장을 깨끗이 닦으라고 모욕했습니다. 이런 말은 1938년에 나치가 유대인들에게 작은 솔로 도로를 청소하도록 강요했던 일을 떠오르게 했지요.

포퓰리즘 방식의 단어는 독일 중도파 정당들도 사용했습니다. 기독교민주연합^{CDU}의 베티나 쿠들라는 트위터를 통해 독일의 인종 구성이 변화했다는 의미로 '인종 반전'이 시작됐다는 말을 했어요. '인종 반전'은 나치 시대에 많이 사용하던 용어입니다. 주로 어떤 민족이 한 나라에서 강제로 이주해 나간 뒤 다른 민족, 그러니까 게르만족에 더 가까운 민족으로 바뀌어야 한다는 의미로 쓰였지요. 쿠들라는 이를 반대로 사용한 거예요. 독일인들이 다른 나라의 사람들에게 자리를 내준다는 뜻으로요.

❽ 포퓰리스트는 언론을 경멸한다

민주주의에서 언론인이 하는 일은 권력자들을 감시하고 폐해를 밝히는 것이에요. 그러나 포퓰리스트들은 언론인들이 이 임무를 제대로 해내지 못한다고 비하하려는 의도로 '시스템 언론'이라는 표현을 씁니다. 언론이 비판적인 보도를 하지 않고, 정권 친화적인 보도를 한다는 뜻이지요.

'국가 통신', '틈새 언론', '피노키오 언론' 등은 그나마 부드러운 표현이에요. '거짓 언론'은 나치들이 사용하던 선동적인 표현입니다. 극단적 포퓰리스트들 사이에서 이 단어가 유행하고 있습니다. 물론 이들도 다른 수많은 정치인들과 마찬가지로 자신의 거짓을 감추기 위해 이런 말을 써요.

과거 트럼프는 몇몇 미국 언론이 자신에 대해 부정적으로 보도하자 이들을 '미국 국민의 적'이라고 불렀습니다. 트위터를 통해 텔레비전 방송국의 방송 허가를 박탈해야 할지 고려해 봐야 한다는 말까지 했죠. 트럼프처럼 모든 언론을 '거짓 언론'이라고 낙인찍는 사람은 포퓰리스트일 확률이 높습니다.

❾ 포퓰리스트는 음모론을 퍼뜨린다

포퓰리스트들은 이런저런 일에 누가 어떻게 잘못했는지 계속해서 음모론을 퍼뜨려요. 국제연합이 난민 이주를 통해 유럽 국가들을 약화시키려고 한다는 상상은 포퓰리스트 사이에 널리 퍼져 있습니다. 이들은 2000년에 실시한 국제연합의 조사를 증거로 삼지만, 그 보고서를 읽어 보면 정확하게 반대 상황임을 알 수 있어요.

헝가리의 빅토르 오르반 총리는 헝가리 출신의 대부호인 조지 소로스를 공격했습니다. 소로스의 말에 따르면 그는 시민권을 위해 싸우는 전 세계의 단체들을 후원해요. 하지만 헝가리 정부는 그를 난민 위기를 일으킨 사람으로 묘사했고, 미국에서 소로스는 트럼프 반대 시위대에게 돈을 댄다는 비난을 받기도 했습니다.

2008년 미국의 중앙정보국^{CIA}이, 2020년에 독일에서 내전이 일어날 거라고 경고했다는 독일을 위한 대안의 주장도 사실이 아니었습니다. 2008년 4월, 당시 중앙정보국 마이클 헤이든 국장은 캔자스주에서 행한 연설에서 극단주의에 대해 경고했어요. 난민 이주가 큰 과제가 될 테지만, 다른 한편으로는 난민이 이주

한 나라는 젊은 인력 덕분에 이득도 얻을 거라고 말했지요. 독일을 위한 대안의 주장과 달리 헤이든은 '내전'이나 '통제할 수 없는 독일' 같은 말은 전혀 하지 않았습니다.

음모론을 퍼뜨릴 때는 얼치기 지식으로 전문가 행세를 하기 마련입니다. 그들은 자신의 목적을 위해 서류나 보고서를 토막 내 특정 부분만 강조하면서, 인용문을 왜곡하거나 거꾸로 해석하지요.

⑩ 포퓰리스트는 스위스 국민투표를 원한다

많은 민주주의 국가가 대의민주주의 제도를 채택하고 있습니다. 모든 정책에 대해 국민이 직접적으로 투표권을 행사하지 않고, 대표자를 뽑아 의회를 구성해 정책 문제를 처리하지요. 그래서 국민들은 자신의 뜻을 대신할 대리인을 뽑습니다. 뽑힌 사람들은 국민을 대리하고, 그들의 위임을 받아 법률을 정하지요.

하지만 포퓰리스트들이 보기에 대의민주주의는 국민들이 정치에 충분히 참여하지 못하는 제도예요. 국민이 투표를 할 수는 있지만 권력은 기성 정치인이 갖고 있으니까요. 또 이들은 선거

직접민주주의와 대의민주주의,
무엇이 다를까?

직접민주주의	대의민주주의

국민의 직접적인 투표를 통해
정책을 결정한다.

국민이 대표를 뽑아
정책을 대신 결정하게 한다.

국민

국민

↓

↓

정책
결정

대표

↓

정책
결정

이렇게 보니
쏙쏙 이해되네!

가 조작될 수 있고, 투표함에 자신의 의견을 담을 수 없었던 사람들도 있다고 주장합니다.

"모든 국민이 국민투표를 통해 법률을 정하는 게 정당하지 않을까? 정규적인 선거뿐만 아니라 사이사이에도 국민투표를 실시하는 게 낫지 않을까?" 독일을 위한 대안은 이러한 질문에 '그렇다'고 대답합니다. 이는 당의 중요한 강령 가운데 하나이기도 해요. 우파 포퓰리즘 정당인 오스트리아 자유당FPÖ과 영국 독립당UKIP도 같은 생각이고요.

이럴 때 포퓰리스트들은 스위스의 국민투표를 본보기로 언급해요. 그러나 모든 사안을 국민투표로 결정하면 다수 의견의 독재로 이어질 수도 있습니다. 이 문제는 2부에서 자세히 다루겠어요.

한 대통령의 취임사로 보는 포퓰리즘 연설

거짓말은 속는 사람들이 있는 곳에서만 통한다.
— 슈테판 마샬, 독일 정치학자

　2017년 1월 20일, 전 세계인들이 눈과 귀가 미국 워싱턴 국회의사당으로 쏠렸어요. 제45대 미국 대통령으로 선출된 도널드 트럼프의 취임식을 보기 위해서였죠. 트럼프는 선거운동 기간에 멕시코인과 여성을 모욕했으며, 이슬람교도를 위협했습니다. 그런데도 6300만 명의 미국인들이 그에게 표를 던졌어요.

　취임사는 자신을 지지해 준 사람들에게만 하는 것이 아닙니다. 그는 막 임명된 대통령으로서 취임사를 통해 자기를 뽑지 않은 사람들, 예를 들어 힐러리 클린턴에게 투표한 사람들이나 투표장에 가지 않은 사람들까지도 설득해야 했지요.

트럼프는 취임사에서 어떤 이야기를 했을까요? 미국의 제35대 대통령인 존 F. 케네디는 자유를, 트럼프의 전임 대통령인 버락 오바마는 희망과 책임을 특히 강조했어요. 반면 트럼프의 취임사는 가히 포퓰리즘의 전형적인 본보기로 역사에 남게 됐습니다. 그중 일부 문장들을 뽑아 여러분에게 소개할게요.

"오늘 이 취임식은 아주 특별한 의미를 가지고 있습니다. 오늘 우리는 평화적으로 한 정당에서 다른 정당으로 정권을 이양할 뿐 아니라, 워싱턴 D.C.에서 국민 여러분에게로 권력을 되돌려 드리기 때문입니다."

이 말은 지금까지 미국이 독재정치를 겪었다고 간접적으로 주장하는 거예요. 이처럼 포퓰리스트들은 정치인들이 국민을 대리

도대체 포퓰리즘이 뭐야?

하는 것이 아니라 자신의 이익만 챙긴다고 주장합니다. 유권자가 아니라 부패하고 향락을 즐기는 엘리트가 통치한다는 것이죠. 트럼프는 이 엘리트가 민주적이고도 평등한 선거로 뽑혔다는 사실에는 전혀 관심이 없었어요. 이는 포퓰리즘의 5번째 특징(포퓰리스트는 다른 정치인들을 무시하고 경멸한다)에 해당돼요.

"너무나 오랫동안 소규모 그룹이 모든 특권을 독점했고, 국민은 막대한 부담을 떠안았습니다. 워싱턴은 번영했지만 국민은 아무것도 얻지 못했습니다."

트럼프가 말한 '소규모 그룹'은 도대체 누굴까요? '번영한 워싱턴'은 미국의 수도 자체를 의미한 것이 아닙니다. 트럼프가 여기에서 말하는 워싱턴은 이른바 자기들 주머니만 채웠다는 기득권 정치인들을 일컫는 거예요. 포퓰리즘의 2번째 특징(포퓰리스트는 '우리'와 '그들'로 나눈다)에 해당되지요.

"대다수의 어머니와 우리 아이들이 문제적인 구역에서 어려운 삶을 살아가고 있습니다. 공장은 녹슬고 기계는 방치되어 있습니다. 그동안 미국의 교육제도에 수많은 돈을 쏟아부었음에도 불구하고 학생들의 기대에 부응하지 못하고 있습니다. 학생들은 이제 지식을 전수받을 교육을 박탈당하고 있습니다. 범죄와 조직폭력배와 마약이 너무 많은 목숨을 앗아 가고, 미국은 수많은 기회를 잃었습니다. 미국의 이러한 대학살은 지금 여기서 끝납니다."

트럼프는 여기서 미국의 상황을 거친 단어로 묘사합니다. '대학살'이 바로 그것이죠. 이때부터 트럼프는 군사 용어들을 계속 반복해서 사용했습니다. 포퓰리스트 3번째 특징(포퓰리스트는 불안을 부추긴다)에 해당돼요.

도대체 포퓰리즘이 뭐야?

"오늘 우리는 전 세계 모든 국가, 모든 도시, 모든 시민들이 들어야 할 새로운 강령을 선포하기 위해 이곳에 모였습니다. 오늘부터 새로운 비전이 미국을 통치할 것입니다. 오늘부터 오로지 미국이 먼저입니다. 미국 우선주의입니다."

'미국 우선주의'는 오늘날의 세계화를 되돌리려는 거예요. 결국 한 나라의 경제를 고립시키겠다는 것이었죠. 이것이 미국이 처한 문제의 해결책이었을까요? 이 말은 포퓰리즘 1번째 특징(포퓰리스트는 복잡한 문제에 터무니없이 간단한 해결책을 제시한다)에 해당됩니다.

어때요, 몇 문장만 살펴보았을 뿐인데 포퓰리스트의 특징이 여실히 드러나죠? 이는 여러분이 포퓰리즘과 포퓰리스트를 알아채는 데 좋은 팁이 될 거예요.

2부
포퓰리스트가
득세하는 원인

누가 포퓰리스트를 뽑을까?

◆

민주주의 제도에서 유권자 한 사람의 무지가 모든 사람의 불행을 가져온다.
존 F. 케네디, 미국 제35대 대통령

세상은 과거 그 어느 때보다 복잡해졌습니다. 각국이 서로 의존하고 긴밀히 교류하는 세계화된 세상에서는 식료품이나 휴대 전화, 자동차 같은 물건뿐 아니라 위기나 폐해도 유통됩니다. 일례로 2007~2008년 미국의 금융위기를 들 수 있어요. 미국에 불어닥친 금융위기가 국경을 넘어 세계적인 경기침체를 불러왔지요. 이처럼 전 세계가 복잡하게 연결된 상황은 정치인들이 일하기 어렵게 만들어요. 이는 유권자들에게도 마찬가지고요.

이 시대의 정치인들은 때때로 무력해 보여요. 정치인은 선거를 통해 국민의 권한을 위임받고, 이렇게 위임받은 권력을 행사합니다. 하지만 정치인이라고 해서 무언가를 뚝딱 만들어 낼 수 있는 건 아니에요. 시간과 노력이 필요하지요. 어떤 때는 여러 문제가 결부되어 결론을 내리는 것조차 어렵기도 합니다. 그사이 유권자들은 정치인이 행동을 하지 않는다는 인상을 받으며 불신을 키우게 됩니다. 그러면 세상을 이해하지 못하는, 또는 이해하지 않으려는 많은 사람들이 단순한 해결책과 희생양을 찾아요. 포퓰리스트는 바로 이 점을 이용합니다. 독일을 위한 대안도 그랬죠.

난민 혐오 대 인류애, 그 뜨거운 찬반 논쟁

2015년 7월, 창당된 지 얼마 안 된 독일을 위한 대안은 커다란 위기를 맞았습니다. 유로화를 폐지하고, 유럽연합 회원국들이 각자의 화폐를 써야 한다고 주장하며 번성한 이 당은 내부 분열로 흔들리기 시작했어요. 당내 중도와 우파 정치인들이 정치적 진로를 두고 다투었거든요. 그러다가 초기의 비교적 온건했던 창당 세력이 힘을 잃고 대표와 여러 당원들이 탈당하기에 이르렀습니다.

당시 독일을 위한 대안은 2014년보다 훨씬 저조한 득표율을 기록하며 독일 16개의 주 중 가까스로 함부르크와 브레멘 주 의회에만 들어갈 수 있었어요. 독일을 위한 대안은 이 위기를 어떻게 넘겼을까요?

두 달 뒤인 2015년 9월, 이들의 위기 극복 방식이 명백하게 드러났습니다. 당시 독일 연방정부는 오스트리아 정부와 협의하여, 오스트리아를 거쳐 독일로 오는 헝가리 난민들을 받아들이기로 결정했어요. 그 후 몇 주 동안 매일 수백 명, 수천 명의 난민들이 독일의 국경을 넘어왔지요. '난민 환영'이라고 적힌 플래카드와 박수갈채로 환영을 받으며 들어온 난민들도 있었습니다.

그러나 모든 사람이 난민에 우호적인 건 아니었어요. 독일 치안 당국(치안을 담당하는 기관) 직원들은 국경을 넘는 난민들의 신원이 확인되지 않았다고 비판했습니다. 누가 국경을 넘어오는지도 모른다고 주장했죠. 당시 정확한 난민의 수조차 알려지지 않았어요.

2015년에서 2016년으로 넘어가는 12월 31일 밤에 쾰른에서 발생한 범죄는 정치에 대한 사람들의 신뢰를 무너뜨리고 말았어요. 당시 중앙역 앞에서 수백 명이 축제를 즐겼어요. 1월 1일 아침까지 쾰른 경찰은 '자유분방한 분위기 속에서 축제가 계속되고 있다'고 밝히기도 했지요.

그 무렵, 한 여성이 쾰른의 지역신문《쾰르너 슈타트 안차이거》쪽에 전화를 걸었어요. 그 여성은 지난 12월 31일 밤에 일어난 수많은 범죄에 대해 알렸어요. 신문사는 경찰에 문의했지만 아는 것이 없다는 답만 돌아올 뿐이었죠.

점심 무렵 '12월 31일 밤의 성범죄, 쾰른 중앙역에서 여성들이 심한 추행을 당하다.'라는 제목의 온라인뉴스가 올라왔습니다. 기자들의 조사를 통해, 경찰이 이 범죄의 규모를 숨기는 데 급급했다는 사실이 드러났지요. 피의자 중 많은 수가 망명 신청자라는 것은 며칠 후에야 밝혀졌어요. 몇몇 경찰들은 이 사실이 알려지는 것을 곤혹스러워했던 듯해요.

12월 31일 밤 사건을 정리하면 다음과 같아요. 성범죄로 이루어진 수백 건의 수사 중 강간 미수나 강간이 열두어 건이었어요. 쾰른 경찰서장은 이 일로 자리에서 물러나야 했죠. 뒤숭숭한 분위기 속에서 난민에 대한 독일인들의 의견이 첨예하게 갈라졌습니다. 독일을 위한 대안 지지자들이 거리로 나와 난민 포용 정책

도대체 포퓰리즘이 뭐야?

2016년 독일을 위한 대안 지지자들이 쾰른 새해맞이 행사에서 일어난 성범죄에 항의해 시위하는 모습. 플래카드 속에는 '난민 수용을 중단하라! 여긴 우리나라다, 메르켈!'이라는 문구가 적혀 있다. ⓒ연합뉴스

을 펼친 정부를 거세게 비판하기도 했어요.

2016년 7월, 이번에는 한 난민이 독일 뷔르츠부르크 근처의 열차에서 승객들을 공격했습니다. 며칠 후에는 시리아 난민이 독일 바이에른주의 소도시 안스바흐에서 자살 폭탄 테러를 일으켰고요. 2015년 10월 연방 내무부 장관이었던 토마스 드 메지에르가 난민들 중에 테러리스트는 없다고 발표했음에도 이런 일이 벌어졌지요. 당시에는 내무부 장관이나 치안 당국이 상황을 숨기려 했다고 생각하는 사람들이 많았어요.

불신은 포퓰리스트에게 좋은 먹잇감이 된다

사람들을 불안에 떨게 한 것은 2015년부터 130만 명이 넘는 난민들이 독일로 들어왔다는 것, 단지 그뿐만은 아니었습니다. 당시에는 언론에 대한 신뢰도 크게 떨어졌어요. 중립적인 관찰자로서의 기능을 다하지 못하는 기자도 많았습니다. 이들은 부유한 독일이 수십만 명에 이르는 전쟁 난민들을 도울 수 있다는 낙관론에 빠졌어요. 2015년 12월 데모스코피 알렌바흐 연구소의 여론조사에 따르면, 응답자의 51퍼센트는 언론이 난민에 대해 보도하는 형태에 불만을 가지고 있었죠.

2017년 오토 브레너 재단의 의뢰로 이루어진 한 조사에 따르면, 난민 위기 당시 일간지 3종은 무비판적으로 보도하는 일이 잦았던 것으로 드러났습니다. 주민들의 걱정과 불안, 반발에 대해 언급하는 기사는 2015년 늦가을까지 찾아보기가 어려웠다고 해요.

사정이 그러자, 언론이 자신의 목소리를 반영하지 못한다고 생각하는 사람들이 늘었어요. 물론 이들 모두가 외국인에게 적대적인 것은 아니었습니다. 그저 독일의 부담이 커질 수도 있다는 점을 우려한 사람들도 많았을 거예요.

이 비옥한 토양에서 소문과 가짜 뉴스가 빠르게 자라났습니다. 예컨대 난민들이 받는 식비가 독일인들이 받는 실업급여의 세 배라는 소문도 그중 하나였습니다. 페이스북에 올라온 사진 한 장이 무려 1만 3천 번 이상 공유됐어요. 망명 신청자 몇 명이 뮌헨의 한 교회 벽에 서 있는 사진이었죠. 사진 아래에는 교회를 소변으로 더럽히고 있는 이슬람교도라는 설명이 덧붙었지만 그건 사실이 아니었어요. 이들은 에리트레아 출신 기독교인으로, 그저 그 나라 풍습대로 기도하던 것이었지요.

포퓰리스트들은 이런 불신을 기회로 포착해요. 예를 들어 이들은 언론이 난민에 대한 비판적인 목소리는 전혀 내지 않았다고 주장했어요. 하지만 그건 사실이 아니었죠. 일간지 기자들도 그 문제에 상당히 회의적이었고, 뉴스 프로그램 〈타게스테멘〉이나 주간지 《디차이트》도 일찌감치 난민 관련 문제를 보도했어요. '독일이 정말 이렇게 많은 망명 신청자를 감당할 수 있을까? 망명 신청자들이 이제 실업급여 수급자들과 주택을 두고 경쟁하게 될까? 짧은 기간 내에 이렇게 많은 난민을 받은 게 과연 옳은 일이었나?' 등의 문제를 제기하고 답을 고민하기도 했었고요.

2015년 10월 말 여론조사 기관 포르자 재단이 잡지 《슈테른》의 의뢰를 받아 시행한 설문조사에서는 다음과 같은 항목이 있었어요. "메르켈 총리가 불러들인 난민들이 우리 상점을 약탈하고, 우리 아내와 딸들을 강간하고, 우리 집을 파괴하는데도 처벌은 받지 않는다." 당시에 2퍼센트의 독일인들만 이 말에 동의했고, 2퍼센트는 그런 경향이 있다고 대답했습니다. 독일을 위한 대안 지지자들의 34퍼센트는 이 견해에 일부 또는 완전히 동의했지요.

그다음 몇 달 동안 점점 더 이런 쪽으로 분위기가 기울었습니다. 독일을 위한 대안이 또다시 성공을 거두기 시작했죠. 2017년 독일을 위한 대안의 공동 대표가 된 알렉산더 가울란트는 난민 위기는 독일을 위한 대안에게 선물이나 마찬가지였다고 말하기도 했습니다. 난민 위기가 지속될수록 독일을 위한 대안의 지지율도 껑충 뛰어올랐지요.

독일을 위한 대안은 시민들이 불안한 틈에 인종차별주의적인 발언과 반난민, 반이슬람으로 돌풍을 일으켰습니다. 2015년 부진했던 성과를 딛고 2년 뒤 총선에서는 12.6퍼센트의 득표율로 의회에 입성하기까지 했어요.

난민을 받아들이면 범죄율이 증가한다?
독일의 외국인 범죄 팩트 체크!

✓ 대규모의 난민을 수용한 2015년 범죄자 수 및 전체 범죄 건수 증가

외국인 범죄자 수 비율 2014년 7.6% → 2015년 10%로 증가
이민자의 비율로 좁혀 보면 2014년 12.3% → 2015년 21.7% → 2016년 27.2%로 증가

✓ 외국인 범죄자 수 비율 2015년 10%로 피크에 달한 이후
2020년 5.8%로 줄어듦

팩트① 2015년 난민 수용 직후 범죄 건수가 증가한 것은 사실!
팩트② 2016년 이후 매년 감소해 2020년에는 1992년 이후 최저 기록!

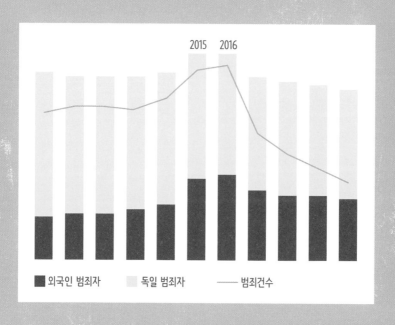

2015   2016

■ 외국인 범죄자   □ 독일 범죄자   —— 범죄건수

*참고: 안혜민, 「[마부작침] 난민은 정말 범죄를 더 저지를까요?」, 《SBS NEWS》(2021년 9월 3일).

비하와 혐오를 걷어 내야 비로소 **해결책**이 보일 거야

포퓰리즘 정당 지지자들은 변화를 두려워한다

여러 연구에 따르면, 독일의 경우 포퓰리즘 정당을 뽑은 유권자들은 대체로 학력이 낮거나 중간 정도이고, 여성보다는 남성이 훨씬 많았습니다. 이들은 다른 정당과 그 정당의 의원들이 자신을 대변하지 않는다고 느꼈어요. 여론조사 기관인 인프라테스트 디마프의 설문조사 결과, 연방의회 선거에서 독일을 위한 대안을 택한 유권자의 60퍼센트가 다른 정당들에 실망해서 이 정당에 표를 주었다고 대답했습니다. 이들 중 많은 수는 그간 선거에 잘 참여하지 않았고요.

2017년 8월, 독일을 위한 대안의 지지자 가운데 72퍼센트는 "정치는 다른 사람들에 비해 나 같은 사람에게는 신경을 덜 쓴다."라는 항목에 그렇다고 대답했어요. 다시 말해서 포퓰리스트에게 투표하는 사람들은 자신이 부당한 대접을 받고 있다고 생각합니다. 이들은 특히 안전과 안락함을 추구해요. 안전했던 과거와 달리 21세기에 들어서며 동성 결혼, 페미니즘, 국경 통제 완화 등 유럽 전반에 불안하고도 급격한 변화가 일어났다고 느끼죠.

독일의 사회학자 홀거 렝펠트에 따르면, 포퓰리즘 정당을 택하는 유권자들은 경제보다는 문화에서 소외감을 느낀다고 해요. 다른 사람들은 발전이라고 말하는데 이들은 잘못된 길이라고 간주하지요. 이들이 보기에 더 이상 자신이 알던 세상은 존재하지 않습니다. 독일의 언론인 헤리베르트 프란틀이 표현했듯이 이들은 '자기의 고향을 빼앗겼다'고 생각합니다. 길모퉁이 빵집 주인은 가게 문을 닫을 형편인데, 난민들이 잠시 머물겠다면서 실내 운동장 한복판으로 들어오는 셈이지요.

세상은 이들이 이해할 수 없는 방식으로, 그리고 좋지 않다고 느끼는 방식으로 변화합니다. 이런 상황은 이들을 불안하게 만들어요. 포퓰리즘 정당을 선택하는 유권자들은 다른 사람들에 비해 불만이 많을 뿐 아니라 불안도 훨씬 더 많이 느껴요. 예를 들어 노년에 연금으로 생활할 수 없을까 봐 걱정하지요. 그보다 더 큰 걱정거리는 이슬람교도가 국내에서 테러를 벌일지도 모른다는 거고요.

이렇게 불안함을 느끼는 사람들은 안전하고 안락했던 과거로 돌아가고 싶어 합니다. 전통적인 가족에, 견고한 국경과 자국 고유의 화폐를 지닌 독일 민족이 사는 국가로요.

이들의 불안 지수는 이방인을 대하는 방식에서도 드러납니다.

도대체 포퓰리즘이 뭐야?

포퓰리스트를 선택한 유권자들은 다른 사람들보다 훨씬 더 이민자에게 회의적이에요. 이들이 이민자에게 부담을 느끼는 이유는 크게 두 가지를 들 수 있습니다. 첫째, 외국인은 다른 관습을 가지고 있고 자신과는 다른 모습의 가정을 꾸려요. 둘째, 외국인 가운데 많은 수가 열린 국경을 지나서 국내로 들어왔어요. 국가가 더 이상 이방인으로부터 국민을 '지키지' 못하는 것처럼 보이죠.

이방인에 대한 선입견은 서로 알지 못하는 곳에서 가장 쉽게 퍼져요. 2017년 연방의회 선거에서 외국인들이 적게 거주하는 지역일수록 독일을 위한 대안을 뽑는 경향을 보였습니다. 독일에서 이슬람교도의 약 98퍼센트는 서쪽 지역에 거주해요. 독일을 위한 대안은 나머지 2퍼센트 가량의 이슬람교도만이 거주하는 동쪽 지역에서 훨씬 더 많은 표를 얻었지요.

포퓰리즘 정당 지지자들은 이방인을 배척한다

포퓰리즘 정당 지지자와 다른 정당 지지자를 구별하는 또 다른 특징도 있습니다. '우리'라는 그룹에 누가 속하냐는 질문에, 독일을 위한 대안 지지자의 80퍼센트가 '난민은 우리에 포함되지 않는다'고 대답했어요. 반면 다른 정당의 지지자들은 그 수치가 훨씬 낮았지요. 녹색당^{Grüne} 지지자의 14퍼센트, 자유민주당^{FDP} 지지자의 25퍼센트만이 그러한 대답을 했거든요. 이 수치는 독일의 주간지《디차이트》의 의뢰로 인파스가 실시한 조사에서 확인할 수 있어요.

이처럼 불안한 시민들에 극단주의자까지 더해집니다. 독일의 경우 극우 단체인 페기다^{PEGIDA}가 유명해요. 페기다는 '유럽의 이슬람화에 반대하는 유럽의 애국자들'이라는 뜻의 시민운동단체로, 2014년 12월 국가주의, 이슬람 및 외국인 혐오, 인종차별 등을 내세우며 출범했습니다.

페기다는 독일의 동쪽 작센주의 드레스덴에서 월요 시위를 시작하면서 주목을 받았어요. 매주 월요일 오후 6시 30분, 수백에서 수천 명에 이르는 사람들이 드레스덴을 거점으로 시위를 열었지요. 이 연속 시위는 페기다의 창립자인 루츠 바흐만이 시작했는데, 그는 범죄로 여러 번 유죄판결을 받은 사람이었어요. 페이스북에서 망명 신청자들을 '짐승 새끼'나 '쓰레기 상놈'이라 표현하는 등 인종차별 발언을 해서 고액 벌금형 판결을 받기도 했죠.

페기다가 주장하는 내용은 독일을 위한 대안에 가깝습니다. 독일을 위한 대안 정치인들이 페기다 집회에 여러 차례 연사로 나서기도 했어요. 2015년 11월, 괴팅겐 민주주의연구소의 조사에 따르면, 페기다 시위대 중 80퍼센트는 독일을 위한 대안을 뽑을 거라고 답했습니다.

2018년 9월 독일을 위한 대안 지지자와 페기다가 시위를 하는 모습. 훗날 드레스덴에서는 우파 극단주의자의 총격 테러가 일어나 '나치 비상 사태'를 선포하기도 했다. ⓒ연합뉴스

포퓰리즘 지지자들이 생각하는 '우리'는?

여기, 포퓰리즘이 포퓰리스트를 지지하는 사람들의 머릿속에서 어떻게 작동하는지 잘 알려 주는 두 편의 영상이 있습니다. 잘못된 정보가 어떻게 분노로 변하고, 이 분노가 얼마나 맹목적으로 변하는지 잘 보여 주지요.

첫 번째 영상에서는 독일 드레스덴의 중심지인 노이마르크트에 있는 한 여성이 등장합니다. 이 여성은 몸을 벌벌 떨 정도로 정치에 커다란 분노를 느끼고 있었죠. 여성은 욕설을 퍼부으며 쉴 새 없이 말합니다. 자기는 이해받지 못한다고, 모욕을 당한다고 말이에요. 이 여성은 자기가 살고 있는 이 도시도 마찬가지라고 했습니다. 드레스덴의 시장인 디르크 힐베르트에 대해서는 이렇게 말했어요. "내가 보기에 그 남자는 드레스덴 주민도 아니고 작센주 출신도 아니에요. 도대체 여기서 뭐하는 건지!" 하지만 여성의 말과 달리 힐베르트는 1971년 드레스덴에서 태어났으니 작센주 출신이 맞았어요.

이 여성은 그저 잘못된 정보를 알고 있는 걸까요, 아니면 거짓 소문에 속은 걸까요? 뒤에서 누군가 힐베르트는 드레스덴 태생이라고 외치자, 이번에는 그 여성이 이렇게 대답했어요. "하지만 여기서 살지 않은 적도 있잖아요. 이곳 상황이 빌어먹게 좋지 않을 때, 그 남자는 여길 떠났다고요!" 실제로 힐베르트는 1998년부터 2000년까지 쾰른에서 일했어요. 그러나 당시 드레스덴이 특별히 '빌어먹게 좋지 않을 때'는 아니었지요. 이 여성은 뭔가 단단히 오해하고 있었어요. 드레스덴 시장은 잠시라도 드레스덴을 벗어나서 살면 안 된다고 믿는 걸까요?

두 번째 영상도 이와 비슷해요. 이번에는 똑같은 장소에서 화가 잔뜩 난 한 중년 남성이 등장합니다. "그 사람은 베스트팔렌 출신이에요!" 남성이 말하는 '그 사람' 역시 힐베르트였습니다. "다른 곳에서 굴러온 사람이 여기서 시장을 하고 있다고요. 시장을 하면 안 돼요. 드레스덴 출신이 아니잖아요!" 이번에도 똑같은 주장이에요. 드레스덴 사람만이 드레스덴 시장을 할 수 있다는 것이죠.

두 편의 예를 통해 '우리'와 '그들'을 나누는 포퓰리즘 지지자들의 모습을 엿볼 수 있습니다. 국민인 '우리'와 저 위에 있는 '그들', 원래 주민인 '우리'와 이방인인 '그들', 이 경우에는 '우리 드레스덴 시민'과 '그 외 시민들'로 나눴죠.

여기서 '우리'에 포함되는 사람들의 범주는 아주 좁아졌어요. 영상에 등장하는 두 사람이 볼 때, 드레스덴을 떠나서 산 적이 있는 사람은 '진짜' 드레스덴 사람이 아니에요. 독일의 다른 도시 사람들은 이 정도로 엄격하지 않아요. 2023년 뮌헨, 프랑크푸르트, 라이프치히의 시장들은 모두 다른 도시에서 나고 자란 사람들이었죠.

옛날로 돌아가고 싶은 사람들

도널드 트럼프도 이런 애향심에 호소했습니다. 그는 '미국을 다시 위대하게(Make America Great Again)', 줄여서 'MAGA'라는 표어를 내걸고 취임했어요. 미국을 다시 위대하게 만든다니, 도대체 이게 무슨 뜻일까요? 미국이 언제 위대했다는 건지 의아해하는 사람도 많았습니다. 한 인터뷰에서 트럼프에게 어느 시대로 돌아가고 싶은지 물었어요. 트럼프는 미국의 무역과 군사적 힘에 관해서라면 1940년대와 1950년대라고 대답했죠.

그를 뽑은 많은 유권자들도 같은 생각을 했습니다. 트럼프 지

도널드 트럼프의 이미지로 장식된 MAGA 상품들. 2020년 제46대 미국 대통령으로 조 바이든이 선출되자, 이에 불복한 트럼프 지지자들이 MAGA 모자와 깃발을 들고 선거 불복 시위를 벌이기도 했다. ⓒ연합뉴스

지자의 70퍼센트는 사는 게 힘들어졌다고 생각했어요. 이에 비해 힐러리 클린턴 지지자들은 좀 더 낙관적인 태도를 보였어요. 70퍼센트가 과거에 비해 지금이 나아졌다고 답했거든요.

이는 입장에 따라 다르게 생각할 수 있는 말입니다. 백인 미국인들 가운데 다수는 1950년 이후로 사회적인 상황이 악화됐다고 말했어요. 반면 흑인, 히스패닉(에스파냐어를 쓰는 라틴아메리카계의 미국 이주민) 대다수는 정반대의 이야기를 했어요. 그들이 보기에는 1950년 이후로 점점 더 좋아졌으니까요.

특히 흑인들은 미국 역사에서 무척 암울했던 시대인 인종분리 시절을 떠올렸습니다. 1960년대까지 미국에서는 피부색이 다르다는 이유로 흑인에 대한 인종차별을 당연시했거든요. 당시 거리의 가게마다 '유색인 출입 금지', '백인 전용'이라는 알림판을 쉽게 볼 수 있었어요. 심지어 승강기도 피부색에 따라 타야 했지요.

많은 백인들이 후퇴했다고 주장하는 지난 수십 년은 다른 이들에게는 발전을 의미합니다. 한쪽은 1950년을 그리워하고, 다른 쪽은 더 나아질 2050년을 생각하죠.

포퓰리즘 정당을
지지하는 건 누구?

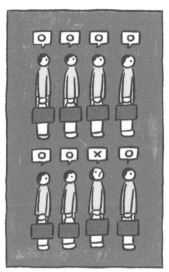

부당한 대접을 받고 있다고 느끼는 사람

세상이 더 나쁜 쪽으로 변화하고 있다고
느끼는 사람

이방인에 대한 선입견을 가진 사람

과격한 이념적 목표를 가진 사람

국민투표가 늘 최선은 아닌 이유

◆

표를 던지는 사람은 아무것도 결정하지 못한다. 표를 세는 사람이 모든 것을 결정한다.
이오시프 스탈린, 소련의 정치인이자 독재자

유럽의 우파 포퓰리스트들에게 스위스는 꿈의 나라입니다. 스위스는 유럽연합 회원국도 아니고, 스위스 내 외국인은 독일인이나 이탈리아인 같은 유럽인이 많거든요. 더 중요한 이유는 스위스에서는 정기적으로 국민투표가 실시된다는 점입니다. 대의민주주의의 유용성을 인정하지 않고, 정당과 의회에 불신을 갖는 포퓰리스트들에게 이토록 이상적인 나라는 없을 거예요.

그런데 스위스 국민투표가 정말 완벽하기만 한 제도일까요?

직접민주주의의 나라,
스위스 더 알아보기

1 연방제 국가

스위스는 **26개의 칸톤(국가를 구획하는 행정구역 중 하나)으로 구성된 연방제 국가**다. 연방의회에서는 주로 외교, 안보, 관세 등 스위스 전체에 영향을 주는 사안을 다루고, 이외는 칸톤의 사안으로 간주한다. 26개의 칸톤은 각각 고유한 권한을 가지고 있다.

2 국민투표 제도

스위스는 1년에 4번, 즉 **3개월에 한 번씩 국민투표**를 한다. 국민투표에는 의무적 국민투표, 선택적 국민투표, 국민발안이 있다. 이중 국민발안은 국민이 헌법 개정안을 직접 상정하여 국민투표에 부치는 것으로 직접민주주의 제도의 특징을 가진다.

3 지방(칸톤) 정부가 과감하게 정책 추진

정책을 입안하고 추진할 수 있는 실질적 권한이 지방 정부 또는 지역 주민에게 있으므로 국가 단위로 결정하기 어려운 정책을 지방 정부가 과감하게 채택하여 추진하기도 한다.

*참고: 황규철, 「스위스의 지방분권과 지방정부의 과감한 정책 사례」, 『2018년 국외파견 공무원 정책보고서』(행정안전부, 2019).

스위스는 온전한 민주주의일까?

국민투표란 투표를 통해 국민의 의사를 물어 새로운 법을 정하고, 기존 법을 개정하는 등 국가의 주요 정책을 결정하는 제도를 말합니다. 스위스는 국가와 주(칸톤) 단위로 국민투표를 시행하여 적어도 1년에 30~40번은 투표를 해요. 세계에서 국민투표를 가장 많이 시행한 나라 중 하나로 꼽히죠.

오늘날 대부분의 나라는 대의민주주의 제도를 운용하고 있습니다. 사회 구성원들이 직접 정치에 참여하는 것이 아니라 선거를 통해 대표를 선출하고, 선출된 대표가 시민들을 대신해 정책에 관한 결정을 내리지요. 이에 반해 스위스는 직접민주주의 제도를 운용하고 있습니다. 모든 국민이 투표를 통해 정책 결정에 직접적으로 참여하지요. 스위스의 경우, 의회가 먼저 법률 개정안을 작성한 뒤 국민투표를 부쳐 결정하곤 해요.

포퓰리스트들이 보기에 이러한 방식은 정치인이 국민과 가까운 정치를 하도록 압박하는 최고의 수단이에요. 언뜻 들으면 단점 하나 없이 이상적인 제도인 것 같지만 스위스의 국민투표에도 한계는 있습니다. 직접민주주의라고 해도 자동적으로 민주적인 사회로 나아가는 것은 아니니까요.

일례로 스위스의 여성 참정권을 들 수 있습니다. 스위스 여성들은 1971년에 이르러 공식적으로 투표권을 얻었어요. 몇몇 지방에서는 1990년이 되어서야 여성의 참정권을 인정했고요. 스위스는 유럽에서 가장 늦게 여성의 참정권을 인정한 나라입니다. 그 말인즉, 그전까지는 정치에 남성들의 의견만이 반영되었다는 거예요. 스위스는 직접민주주의 제도를 시행하기 때문에 더 민주적인 나라가 되는데 실패했어요. 무슨 말이냐고요? 남성들이 국

1893년 뉴질랜드에서 최초로 여성 참정권을 인정한 이후 1902년 오스트레일리아, 1906년 핀란드, 1913년 노르웨이 등으로 여성 참정권은 점차 확대되었다. 사진은 1913년 미국 워싱턴에서 여성의 참정권을 요구하며 행진하는 모습이다. ⓒ연합뉴스

민투표를 통해 여성의 참정권을 반대했거든요.

또 스위스의 많은 주에서는 오늘날까지도 지역 차원의 주민 투표를 할 때 야외에서 손을 위로 들어 올려 투표를 실시합니다. 더 나쁜 경우도 있어요. 거수 숫자를 정확히 세지 않고 선거관리 위원장이 찬성과 반대를 대략 추정만 하기도 해요.

이는 전 세계적으로 통용되는 민주주의 원칙 중 두 가지를 어기는 일이에요. 첫째로 유권자가 타인에 의해 강요나 불이익을 받지 않고 자기 의사에 따라 투표할 수 있도록, 투표 내용을 다른 사람들이 알지 못하게 해야 한다는 원칙을 어겼어요. 둘째로 모든 유권자는 성별, 종교, 학력 등에 차등 없이 동등한 가치를 지니는 한 표씩을 행사해야 한다는 원칙에도 어긋나지요.

게다가 2000년 이후 스위스의 평균 투표율은 약 45퍼센트 정도입니다. 이는 다른 나라와 비교하면 낮은 수준이에요. 2018년 경제협력개발기구^{OECD} 32개국 투표율을 비교한 결과, 투표율이 공개되지 않는 나라를 제외하면 스위스의 투표율이 꼴찌였어요.

한마디로 스위스의 예는 그리 좋지 않습니다. 그런데도 더 많은 국민투표를 도입해야 할지에 대한 찬반 논쟁은 계속되고 있어요. 많은 전문가들이 국민투표가 정치 혐오를 줄이는 좋은 수

우익 성향의 스위스 국민당은 미나레트 건립을 금지하기 위해 미나레트를 위협적으로 보여 주는 포스터를 활용했고, 유권자들의 표를 얻는 데 성공했다. ⓒ연합뉴스

단이라고 주장합니다. 독일 연방 법무부 장관이었던 하이코 마스도 더 많은 국민투표에 찬성하고 있고요. 독일을 위한 대안도 국민투표를 원한다는 점은 마스와 똑같아요.

미나레트(이슬람교의 예배당인 모스크의 일부를 이루는 첨탑) 금지 여부에 관한 스위스 투표는 국민투표가 어떻게 이용될 수 있는지 보여 줍니다. 2009년 스위스인들은 더 이상 모스크 첨탑을 지어서는 안 된다고 결정했어요. 이에 앞서 우파 정당인 스위스 국민당SVP은 많은 이들의 관심을 끌기 위해 자극적인 포스터를 내걸었어요. 위협적으로 보이는 검은 미나레트 일곱 개가 스위스 국기 위에 뾰쪽 솟아 있는 포스터였죠. 그 포스터는 법으로 제한하지 않으면 스위스가 곧 미나레트로 넘칠 것 같은 인상을 풍겼

도대체 포퓰리즘이 뭐야?

어요.

당시에 스위스 코미디언 자코보와 뮐러 커플은 스위스에 미나 레트가 몇 개나 있는지 자세히 조사했어요. 정확하게 네 개였지요. 가장 높은 것은 22미터였고 가장 낮은 것은 지붕에 조립된 미나레트였는데, 그 자체로는 3.5미터였습니다. 다시 말해서 스위스 전국에 있는 미나레트의 수는 국민당의 선거 포스터에 묘사된 것보다 적었어요. 스위스의 포퓰리스트들은 종교적인 건축물까지 위협적으로 보이게 하는 데 성공한 거예요.

브렉시트에서 나타난 국민투표의 문제

스위스의 미나레트 투표가 전 세계적으로 주목을 받긴 했지만, 정치적으로 이보다 훨씬 더 중요한 일은 2016년 6월에 시행된 영국의 국민투표였습니다. 당시 영국인들은 유럽연합에서 탈퇴할지 아니면 남아 있을지 그 여부를 결정했어요. 떠나야 한다는 의미의 '리브leave'와 남아야 한다는 의미의 '리메인remain'이 당시 논쟁 표어였지요.

유럽연합 탈퇴를 주장하는 정치인들은 2016년 봄에 새빨간 캠페인 버스를 타고 전국을 누볐습니다. 버스에는 아주 커다란 글씨로 "우리는 매주 유럽연합에 3억 5천만 파운드를 보냅니다. 차라리 이 돈으로 국가 의료 체제를 지원합시다."라고 쓰여 있었어요. 브리스틀에서 맨체스터까지 영국 전역에 "유럽연합이 매주 빼앗아 가는 3억 5천만 파운드를 국가 의료 체제에 줍시다."라는 포스터가 붙었지요. 이 문구가 쓰인 전단지는 곳곳에 배포됐어요.

이 선거 문구가 거짓이라는 것은 여러 언론 매체가 바로 밝혔습니다. 영국 통계청도 거짓 선전에 속지 말라고 여러 차례 경고

영국의 유럽연합 탈퇴를 지지하는 3명과 잔류를 희망하는 3명을 조합한 사진. 국민투표로 유럽연합 탈퇴가 결정된 이후에도 영국에서는 브렉시트 찬반 집회가 계속되었다. ⓒ연합뉴스

했고요. 영국은 매주 유럽연합에 내는 돈을 최대한으로 잡아도 그 금액의 절반 정도라고 해명했습니다. 또 회비만으로는 유럽연합 회원으로서 누리는 장점을 다 설명할 수 없다고도 했지요.

이러한 해명에도 불구하고 여론조사 기관인 입소스 모리의 설문조사 결과, 영국인의 47퍼센트는 여전히 이 말을 믿었다고 해요. 그렇게 약 52퍼센트의 영국인들이 유럽연합 탈퇴에 표를 던졌어요.

투표가 끝나고 얼마 지나지 않아 영국 방송국 스카이에서는 아주 유명한 브렉시트 찬성자 한 명을 스튜디오에 초대했어요. 3억 5천만 파운드를 국가 의료 체제에 쓰자는 선거공약에 대해 묻자, 그는 정확한 대답을 회피하며 이렇게 대답했어요. "선거기간에 그런 말을 한 적이 없습니다. 우리가 실제로 한 말은, 그중 상당히 많은 부분을 국가 의료 체제에 투자할 것이라고 했지요. …… 총액을 언급한 적은 전혀 없습니다."

이는 거짓말이에요. 그는 명백하게 3억 5천만 파운드를 거론했습니다. 유럽연합 탈퇴 캠페인을 조직한 사람 중에서, 이런 공약이 없었더라면 브렉시트 투표에서 패배했을 거라고 인정한 사람도 있었어요.

이처럼 자신의 정치적 주장을 관철할 수 있을 거라는 희망으로 국민투표를 요구하는 포퓰리즘 정당이 많습니다. 이들은 자신이 이미 국민의 뜻을 알고 있다고 믿고 있죠. 이는 포퓰리스트들이 그저 국민투표만 원하는 게 아니라 국민투표를 통해 얻어야 할, 자신이 원하는 결과를 항상 함께 열거한다는 점에서 확실히 알 수 있습니다. 독일을 위한 대안의 정당 강령에는 "유럽연합이나 그 외 다른 국제기구에 국가 주권을 넘기는 일은 국민투표를 통해 막을 수 있다."라고 쓰여 있어요.

국민투표의 가장 큰 문제는 '국민의 뜻'이 없다는 겁니다. 어떻게 전 국민이 찬성 혹은 반대의 의견만 가질 수 있겠어요? 국민투표에서는 중대한 국가 현안을 단순하게 다수결로 결정할 우려가 있어요. 한편 선거의 4대 원칙인 보통, 직접, 평등, 비밀 선거는 국민의 정치적 견해를 알 수 있는 가장 좋은 방법입니다. 선거에서 현안을 충분히 검토하고, 여러 의견을 조율하여 서로 타협해 나갈 수 있으니까요.

도대체 포퓰리즘이 뭐야?

국민투표에는 '찬성' 혹은 '반대'만 존재해
다수결로 결정되어 국민의 뜻을 제대로 담기는 어렵지

포퓰리스트가 사실을 왜곡하는 방법

◆

무시한다고 사실이 세상에서 사라지는 건 아니다.
올더스 헉슬리, 영국 작가

다음 이야기를 듣고 머릿속으로 장면을 떠올려 보세요.

어느 오후, 낯선 사람이 거리에서 여러분을 붙잡고 이런 말을 건넵니다.

"그거 아세요? 앙겔라 메르켈 전 총리가 예전에 동독 국경 군인이었대요. 알려지면 안 되는 사실이라 아무도 모르지만요. 메르켈은 베를린 장벽에 자동 발사 시스템(국경을 통제하기 위해 사람들에게 총알을 퍼붓는 자동 발포 장치)이 설치되는 걸 도왔어요.

이것 좀 보세요, 이게 증거예요!"

그 사람은 증거라면서 사진 한 장을 보여 줘요.

여러분은 처음에는 이 얘기를 믿지 않을 거예요. 하지만 어느 샌가 그럴 수도 있지 않을까? 하는 생각이 싹트겠지요. 메르켈은 동독에서 어린 시절을 보냈고, 나이도 그럴 만하고, 베를린 장벽에 자동 발사 시스템이 있었던 것도 사실이니까요.

그날 저녁 여러분은 친구들을 만나 사진을 보여 주면서 똑같이 말합니다.

"이것 좀 봐. 앙겔라 메르켈이 국경 군인이었대!"

몇몇 친구들은 충격을 받고, 몇몇은 사실 여부를 의심할 거예요. "그 사진, 찍어 가도 돼?" 친구가 물으면, "그럼, 되고말고!"

여러분은 흔쾌히 사진을 내놓을 테지요.

허무맹랑한 이야기처럼 들리나요? 그런데 바로 이런 일이 독일에서 매일 수십만 번씩 일어나고 있습니다. 사람들은 이런 이야기를 좋아하고, 다른 사람들과 공유하고, 댓글을 달아요. 하지만 사진의 저작권자가 누구인지, 글을 쓴 사람이 누구인지 항상 제대로 알고 있는 건 아니에요. 일단 빨리 퍼뜨리는 게 중요한 인터넷 세상이니까요.

가짜 뉴스 퍼뜨리기

최근 십여 년 동안 인터넷을 사용한 사람이라면 가짜 뉴스에서 자유롭지 못했을 거예요. 독일에서는 "튀링겐주에서 난민들이 우리 백조를 잡아먹는다!"라는 가짜 뉴스가 널리 퍼졌고, 미국에서는 "미국의 살인율이 45년 이래로 가장 높다!"와 같은 가짜 뉴스가 떠돌았습니다.

이는 모두 거짓말이었어요. 난민들은 독일 백조를 잡아먹지 않았어요. 앙겔라 메르켈 전 총리가 테러범들과 셀카를 찍은 적도 없어요. 미국의 살인율은 역사적으로 매우 낮은 수준이었고요. 그런데도 이러한 이야기는 인터넷을 통해 멀리멀리 공유됐어요.

가짜 뉴스 fake news란 언론보도의 형식을 띠고 마치 사실인 것처럼 유포되는 거짓 뉴스를 말합니다. 포르자 재단의 설문조사에 따르면, 독일의 인터넷 사용자 가운데 59퍼센트는 가짜 뉴스를 접한 적이 있다고 해요.

가짜 뉴스에는 여러 가지 의미가 있어요. 그중 비교적 적은 해를 끼치는 것은 '오보'일 거예요. 기자들이 철저하게 조사하지 않고, 학자나 관청의 진술을 믿고 그대로 보도했는데 이것이 나중에 오류로 밝혀지기도 하지요. 이런 종류의 가짜 뉴스는 대부분 의도한 것이 아니라 실수로 만들어져요.

하지만 누군가 정치적, 경제적 이득을 얻기 위해 잘못된 정보를 담은 가짜 뉴스를 퍼뜨리기도 합니다. 합성사진, 왜곡된 주장, 고의로 조작한 통계 등이 여기에 포함되지요. 이 두 가짜 뉴스의 경계는 유동적입니다. 어느 온라인뉴스가 사실을 심하게 왜곡해서 전달한다면 그건 기자의 의도일까요, 아니면 실수일까요? 어떤 것이 그저 질 떨어지는 저널리즘의 산물이고 어떤 것이 의도적인 가짜 뉴스일까요? 중요한 것은 우리가 이런 종류의 가짜 뉴스에 속지 않고 걸러 낼 줄 아는 거예요.

넓은 의미에서 가짜 뉴스는 언론에 대한 욕설입니다. 도널드 트럼프 전 대통령은 가짜 뉴스라는 표현을 특히 자주 썼어요. 대통령으로 취임한 이래 트위터에서 이 단어를 100번 이상 사용했지요.

포퓰리스트는 가짜 뉴스를 적극적으로 활용하기도 합니다. 트럼프는 자신이 그토록 비난했던 가짜 뉴스를 스스로 만들기도 했어요. 45년 이래로 미국의 살인율이 가장 높다는 말도 트럼프가 한 것이었죠(다른 곳에서는 47년이라고도 했어요). 트럼프는 선거기간에 여러 차례 이렇게 주장했고, 대통령이 된 후에도 같은 주장을 했어요. 여러 언론들은 미국 연방수사국^{FBI}의 통계를 인용해 트럼프 대통령의 주장이 틀렸다고 지적했습니다.

엄밀하게 말하자면 트럼프의 말은 잘못된 주장에 불과하고, 그의 말이 사실이 아니라는 게 이미 여러 차례 확인되었어요. 하지만 이러한 주장이 제대로 확인도 되지 않은 채 언론을 통해 세상에 퍼지면 그게 바로 가짜 뉴스가 될 수 있는 거예요.

이때 가짜 뉴스는 정치적인 의미를 갖게 돼요. 범죄율이 정말 이렇게 높다면 경찰을 위해 더 많은 예산을 준비해야 합니다. 더 강력한 처벌을 도입할 수도 있고, 더 철저하게 예방하거나 새로운 법률을 공포해야 하고요. 하지만 이 주장이 사실이 아니라면 그 비용을 아껴서 교육 등 다른 분야의 세금으로 사용할 수 있어요.

여기에 더해 트럼프는 언론이 자신의 주장을 보도하지 않는다고 비난했어요. 트럼프는 사실이 아닌 말을 퍼뜨렸을 뿐 아니라, 이 거짓말을 보도하지 않는 언론을 비난하기까지 했죠.

어떤 가짜 뉴스는 너무나도 터무니없어서 한눈에 알아챌 수 있습니다. 하지만 그 안에 약간의 사실을 섞어 넣으면 사람들은 쉽게 알아채지 못합니다. 탁월한 선전은 진실과 거짓말이 교묘히

도대체 포퓰리즘이 뭐야?

우리는 뉴스를 어디까지 믿어야 할까?

2016년 미국 대통령 선거는 인터넷과 소셜미디어로 인해 가짜 뉴스의 영향을 많이 받았다는 평을 받는다. 당시 트럼프가 퍼뜨린 뉴스들 가운데 가짜라는 의혹을 받는 것들이 있다. ⓒAngelo Paiva 출처: 위키피디아

섞여 있을 때 가장 효과적으로 작동해요.

만약 트럼프가 "미국의 살인율이 44년 전보다 크게 증가했다."고 말했다면 이는 사실이에요. 하지만 그는 그렇게 말하지 않았어요. 그는 살해당한 피해자들의 수를 언급했지 증가한 비율을 말한 게 아니었거든요. 살인율은 10만 명당 범죄로 인해 피살된 인구의 비율입니다. 미국의 살인율은 통계를 내기 시작한 1957년 4.0에서 1980년 10.2로 최고조에 달한 뒤 계속 떨어져 트럼프가 그 말을 하던 2015년 무렵에는 4.9로 낮은 수준이었어

　도대체 포퓰리즘이 뭐야?

요. 한때 크게 증가했던 것은 사실이지만, 당시가 살인율 최고라고 말한 것은 사실이 아니었죠. 정확한 숫자는 연방수사국 홈페이지에 나와 있어요.

기사를 읽을 때는 반드시 출처를 확인해야 합니다. 그러나 가짜 뉴스를 나르는 사람들은 인터넷 이용자들이 이런 수고를 하지 않는다는 것을 잘 알고 있어요. 한 조사에 따르면 트위터로 전해지는 링크의 59퍼센트는 공유하는 사람조차 클릭하지 않아요.

'일단 공유'부터 하는 사람들 이용하기

이처럼 잘못된 주장이 퍼지는 데 관심이 있는 사람은 누굴까요? 가짜 뉴스는 누구에게 이득을 줄까요?

미국의 온라인 매체 버즈피드는 2012년부터 2017년 사이에 앙겔라 메르켈 전 총리에 대해 가장 널리 퍼진 뉴스 10개가 무엇인지 조사했습니다. 10개 기사 중 무려 7개가 완전히 틀리거나 왜곡됐다는 결과가 나왔지요. 예컨대 "속보! 앙겔라 메르켈이 퇴임을 통고하다!"라는 기사가 여기에 포함됐어요.

독일의 어느 풍자 잡지 사이트www.eine-zeitung.net에서 올린 "메르켈이 난민들에게 최대한 빨리 참정권을 주려고 한다!"는 제목의 기사도 있었습니다. 이는 페이스북을 통해 약 15만 번이나 공유됐어요. 그런데 여기에는 웃지 못할 뒷이야기가 있습니다. 이 사이트는 풍자성 글을 올리는 곳인데, 제대로 읽지 않은 독자들이 기사를 마구 퍼 나른 거예요. 기사에는 '메르켈이 하는 짓은 정말 슬프다……'와 같은 댓글들이 넘쳐 났습니다.

사이트 운영자들은 사람들에게 그것을 알리고 싶었습니다. 그래서 기사 위에 파란 글씨로 다음과 같은 조언을 남겼지요.

"알립니다. 여러분이 뭘 하는지 정확하게 알 때만 이 기사를 공유하십시오. 특히 공유하기 전에는 기사를 자세히 읽어야 합니다. 날짜에도 주의해 주시기 바랍니다. 혹시 이 기사에 정치인이 사용하지 않는 문장들이 들어 있는지 심사숙고하여 살펴보십시오. 이 사이트의 다른 기사들도 정확하게 보시고, 친구나 지인에게 공유하고 싶은 믿을 만한 출처인지 엄격하게 판단하시기 바랍니다."

하지만 이 조언을 귀담아들은 사람은 그리 많지 않은 듯했어요. 자극적인 소식은 특히 잘 퍼지잖아요? 사람들은 "앙겔라 메르켈이 이탈리아를 공식 방문한다."는 지루한 뉴스보다는, 사실이든 아니든 "앙겔라 메르켈이 퇴임한다!"는 뉴스를 클릭하고 싶어 하고요.

하지만 우리에게 희망을 주는 연구 결과도 있습니다. 포르자 재단의 설문조사 결과, 젊은 인터넷 사용자들이 나이 든 사람들보다 온라인뉴스를 훨씬 더 비판적으로 읽는다는 사실을 확인했어요. 독일의 14세에서 24세까지의 이용자들 가운데 62퍼센트는 가짜 뉴스를 읽을 때 사실을 확인하고, 잘못된 정보라는 것을 눈치채요. 이에 비해 60세 이상 이용자들은 뉴스를 잘 믿는 경향이 있습니다. 이 나이대의 경우에는 30퍼센트만 사실을 확인했어요. 전체적으로 젊은 인터넷 사용자들이 가짜 뉴스에 속는 일이 드물었죠.

가짜 뉴스를 돈벌이로 활용하기

그렇다면 누가 가짜 뉴스로 먹고 살아요? 고의적으로 가짜 뉴스를 퍼뜨리는 존재는 누굴까요? 미국 잡지 《와이어드》의 기자

청소년을 위한 가짜 뉴스 판별법

☑ 하나의 뉴스 및 사안에 대해 여러 정보원 확인하기

☑ 뉴스가 믿을 만한지 다른 사용자들이 작성한 댓글을 통해 먼저 확인하기. 더 나아가 나의 의견을 댓글로 표현하여 다른 사용자들의 판단을 돕기

☑ 낚시성 헤드라인에 주의하기

자극적인 제목의 뉴스 피하기, 제목과 내용이 다른 뉴스를 믿지 않기

☑ 광고성 기사인지 확인하기

☑ 뉴스를 무조건 믿지 않고, 뉴스를 추적해 보기

*참고: 한국언론진흥재단 미디어 리터러시 홈페이지

들은 마케도니아에서 그 해답을 찾았습니다. 한때 도자기 산업이 번영하던 이곳은 오늘날 네 명 중 한 명이 실업자인 상황이에요.

일자리를 찾지 못한 마케도니아 벨레스 출신의 젊은이 몇몇이 모여, 뉴스를 훔쳐 돈을 벌 계획을 세웠어요. 이들은 미국 웹사이트에서 기사를 복사해 자신들의 사이트로 퍼 날랐죠. 사이트에 '미국 정치USAPolitics.co'라는 식의 그럴듯한 이름을 붙이고, 훔친 기사 옆에는 광고 자리도 마련해 놓았어요. 대부분이 평범한 뉴스였지만 그중에는 가짜 뉴스도 섞여 있었어요.

이들은 트럼프 지지자들이 모인 페이스북 그룹에 링크를 걸었습니다. 링크를 통해 사이트에 방문하는 사람이 늘면 늘수록 광고가 붙어 돈벌이가 되니까요. 이들은 뉴스란 흥미롭고 자극적이기만 하면 되지, 반드시 사실일 필요는 없다는 것을 금방 깨달았어요. 가짜 뉴스는 특히 조회수가 높았고 돈을 끌어모았지요.

특히 큰 성과를 거둔 가짜 뉴스 제작자는 미국인 폴 호너예요. 그도 진짜 언론 매체를 연상시키는 웹사이트들을 만들었습니다. 예를 들면 'cnn.dom.de' 등이었지요. 그는 사이트를 통해 트럼프 취임 반대 시위대가 수천 달러를 받고 시위에 참석한 것이라고 말했어요. 다른 사람들과 마찬가지로 트럼프의 선거대책본부장

합성 기술을 활용한 가짜 영상과 이미지까지 더해져 가짜 뉴스를 판별하기 더 어려워졌다. 기사를 읽고 공유하기 전, 사실관계를 더욱 철저히 확인해야 한다. ©mikemacmarketing 출처: 위키피디아

역시 사실관계를 확인하지 않고 이 말을 퍼뜨렸죠.

호너는 어떤 인터뷰에서 자신을 전직 첩보요원이라고 소개하기도 했습니다. 트럼프의 앞선 대통령인 버락 오바마가 동성애자이고 과격한 이슬람주의자임을 '밝혀냈다'고도 말했지요. 트럼프 지지자들은 이 거짓말을 수천 번 공유했습니다. 이렇듯 인터넷 시대에서는 거짓이 사실로 둔갑하기가 쉬워요.

도대체 포퓰리즘이 뭐야?

'확증편향' 이용하기

인간의 뇌는 정보를 받아들이는 과정에서 오류에 빠지기도 합니다. 그래서 가짜 뉴스에 취약한 거예요. 우리는 자신의 생각과 일치하는 정보는 받아들이고, 그렇지 않은 정보는 외면하는 경향이 있어요. 한마디로 보고 싶은 것만 보고, 듣고 싶은 것만 듣는 거지요. 심리학자들은 이것을 확증 편향confirmation bias이라고 불러요.

"당신은 오늘 운이 좋습니다!"와 같은 문장으로 운수를 점치는 띠별 운세, 별자리 운세 같은 것이 바로 이 점을 이용합니다. 거리에서 돈을 주운 사람은 점괘가 정말 용하다고 생각해요. 아침에 코앞에서 버스를 놓쳤던 일은 이미 하얗게 지워 버렸으니까요.

포퓰리스트들은 사고 오류를 더욱 강화합니다. 예를 들어 독일을 위한 대안의 외르크 모이텐은 자기가 사는 도시에서 독일인은 아주 가끔씩만 보인다고 주장했어요. 2017년 연방의회 선거일 저녁, 당시 총리였던 앙겔라 메르켈은 "저는 어떤 사람을 딱 보고, 그 사람이 독일 국적을 가진 사람인지 아닌지 구별하지 못합니다."라는 말로 그의 인종차별적인 주장에 반박했지요.

2017년 8월, 독일을 위한 대안의 총리 후보였던 알리스 바이델은 청중이 사고 오류를 일으킬 만한 발언을 노골적으로 했습니다. 바이델은 매일 아침 스마트폰으로 '남자'와 '칼'이라는 두 개의 단어를 넣어 검색해 본다고 했어요. 그러면서 청중에게 직접 검색해 볼 것을 권했죠. '주차 다툼 벌이다 칼 휘두른 남성', '난민 수용소에서 한 남성이 벌인 유혈극' 등 바이델이 검색 결과를 읽어 갈수록 청중은 더 심하게 동요했습니다. 그러고 나서 바이델은 "이 사진을 좀 보세요. 또 어떤 남자가 찍혀 있는지! 메르켈과 12년을 보낸 후 독일은 이렇게 될 겁니다."라고 말했어요. 메르켈이 문명인인 독일 국민들 사이에 폭도를 밀어 넣었다는 뜻이었죠.

바이델은 독일을 위한 대안 지지자들에게 기사의 제목과 사진만 보라고, 그러면 무슨 일이 벌어지는지 알게 된다고 주입했어요. 하지만 여기에는 문제점이 있습니다. 사람들은 '경찰을 공격한 독일인'이라는 제목의 기사는 읽지 않아요. 독일에서 독일인이 범죄를 저지르는 것은 그리 특별한 일이 아니니까요. 그러나 '경찰을 공격한 난민'이라는 제목의 기사는 읽게 됩니다. 그것은 놀랄만 한 사건이고, 기사는 그런 점을 특히 강조하거든요.

기사 제목만으로 이민자들이 더 많은 범죄를 저지른다는 것을

알 수 있을까요? 외모만으로 독일인인지 아닌지 구별할 수 있을 까요? 물론 그렇지 않아요. 이런 질문에는 통계와 같이 객관적이 고 명백한 사실이 필요해요. 하지만 포퓰리스트인 바이델은 교육 이 아니라 감정에 호소하려 했어요. 바이델처럼 입맛대로 언론을 이용하는 사람은 현명해지기는 어렵고 분노하기는 쉬워요.

'소셜미디어'라는 강력한 무기 활용하기

페이스북과 같은 소셜미디어는 확증 편향을 더욱 강화합니다. 소셜미디어는 이용자들이 관심을 보이는 분야를 더 많이 보여 주도록 프로그래밍 되어 있습니다. 만약 힙합이나 농구에 관심 이 있는 사람이 연관 콘텐츠를 구독하고 '좋아요'를 누른다면, 알 고리즘은 계속해서 힙합과 농구에 관련된 콘텐츠를 띄워 줍니다. 알고리즘이 이용자의 취향에 맞는 콘텐츠를 제공하면서 동시에 다른 콘텐츠는 아예 차단해 버리는 거죠. 정치 뉴스도 마찬가지 예요. 난민 범죄에 관한 뉴스를 많이 읽은 사람은 계속 이런 뉴스 를 받아 보게 돼요.

도대체 포퓰리즘이 뭐야?

인터넷 검색 업체와 소셜미디어가 제공하는 맞춤형 서비스에 따라 정보를 편식하다 보면 이용자들은 점점 자신만의 울타리에 갇히게 됩니다. 이를 필터 버블filter bubble이라고 해요. 마치 거품 속에 갇힌 듯 거품 바깥에서 일어나는 일은 제대로 볼 수 없는 거지요.

최악의 경우 이용자는 사람들이 모두 자기와 똑같이 생각한다고 느껴요. 독일의 언론인 바르바라 한스는 이 현상을 다음과 같은 말로 설명했어요. "알고리즘은 따뜻하고 보송보송한 덮개 같아요. 무척 아늑하지만 이런 상태가 지속되면 상당히 멍청해집니다. 이미 알고 있는 사실에만 에워싸인 사람은 배우지 못합니다. 변화가 없지요. 그저 언제나 자기 스스로를 입증할 뿐이에요."

소셜미디어는 필터 버블의 온상으로 꼽힙니다. 그곳에서는 아무런 방해도 받지 않고 같은 견해를 가진 사람들을 만나 정보를 교환할 수 있어요. 다시 말해서 선전 활동을 벌이고 가짜 뉴스를 퍼뜨리기 좋은 환경이라는 거예요.

페이스북에는 이런 사람들을 자동으로 관리하는 프로그램이 있습니다. 이른바 소셜 봇social bots이라 불리는 인공지능 로봇이에요. 소셜 봇은 온라인상에서 정체를 숨기고 마치 사람처럼 행동하며, 특정 여론을 조작하기 위한 글과 반응을 생성해요. 사람들은 이것이 가짜 계정이라는 걸 쉽게 알아채지 못하죠.

이 프로그램은 자동으로 기사를 포스팅하고, 다른 이용자들을 그룹에 초대하며, '좋아요'를 누릅니다. 소셜 봇은 이런 방식을 통해 어떤 특정한 주제에 대해 좋거나 나쁜 의견이 많은 것처럼 다른 이용자들을 속입니다. 옥스퍼드 인터넷 연구소의 연구원은 "소수 의견은 소셜 봇에 의해 인위적으로 부풀려지고, 그렇게 되면 진짜 이용자들도 자신의 견해를 밝힐 용기를 내게 된다."고 말하기도 했어요.

2017년 독일 연방의회 선거를 며칠 앞둔 때에, 트위터에서는 소셜 봇의 가짜 뉴스 활동이 시작됐어요. 이 활동의 목표는 독일 민주주의를 향한 신뢰를 무너뜨리는 것이었죠. 소셜 봇은 트위터에 '선거 조작'이라는 해시태그를 대량으로 퍼뜨렸습니다. 몇 달 전부터 이미 어느 웹사이트의 기사 하나가 계속해서 퍼져 나가고 있었어요. 그 기사는 독일이 선거를 조작한다고 주장했어요. 그 말은 사실이 아니었지만 인터넷에서 수만 번 공유됐습니다.

그 가짜 뉴스는 교활하게도 실제로 존재하지만 내용은 완전히 반대인 어떤 연구를 근거로 대고 있었어요. 근거 자료를 찾아서 읽어 보고 그것이 잘못되었다고 이야기하는 사람은 없었죠. 어떤

도대체 포퓰리즘이 뭐야?

정치인은 이렇게 말하기도 했어요. "내가 여러분에게 하늘은 초록색이라고 말한다면, 그 목표는 여러분이 그 말을 믿게 하는 것이 아닙니다. 하늘은 초록색이라고 자주 말함으로써 그 말에 반대하던 여러분을 지치게 하는 것이죠."

객관적으로 확인할 수 있는 사실조차도 그저 견해 차이에 대한 문제가 되어 버립니다.

과학적 근거는 가뿐히 무시하기

앞에서도 말했듯, 포퓰리스트는 다른 정당에 소외당하고 있다고 느끼는 사람을 위해 정치를 해요. 여기에는 음모론자도 포함되어 있어요. 음모론자들은 사실이라고 판명된 일을 사실로 받아들이지 못합니다. 예를 들어 인류가 달에 착륙했던 역사적인 장면을 할리우드에서 촬영한 거라고 믿는 사람들도 많아요. 포퓰리즘 정당들은 음모론자들의 표를 얻기 위해, 이따금 극도로 비정상적인 견해를 지지하기도 합니다.

이번에도 역시 독일을 위한 대안이 좋은 예가 돼요. 독일을 위한 대안의 전직 대표 프라우케 페트리는 화학 박사입니다. 당연히 과학적으로 연구하고 증명하는 법이 뭔지, 과학적 지식이 의미하는 바가 무엇인지를 잘 알고 있죠. 그런데도 페트리는 인간이 초래한 기후위기가 학술적으로 증명되지 않았다고 주장하는 정당의 대표였어요.

2013년에는 지난 20년 동안 발표된 1만 2천 편 가량의 기후 관련 논문을 조사한 연구 결과가 발표되었어요. 이 연구를 통해 약 97퍼센트의 학자들이, 인간이 기후에 막대한 영향을 끼쳤다고 확신하고 있는 것으로 밝혀졌습니다. '기후변화에 관한 정부 간 협의체[IPCC]' 역시 메테인이나 이산화탄소 같은 온실가스가 지구온난화의 원인이 되었다고 밝혔고요. 기후 연구에서 이보다 더 확실한 수치는 거의 없을 거예요.

어느 인터뷰에서 페트리에게 이 '97퍼센트'에 대해 묻자 그는 이렇게 대답했어요. "그래요, 맞습니다. 그렇게 말하는 학자들이 다수지요. 하지만 여러분이 기본적인 연구가 어떻게 이루어지는지 알고 있다면, 유감스럽게도 학문 영역에서 정치적 독립은 없다는 것을 알고 있다면 엄청나게 많은 의문을 품게 될 겁니다. 기후변화에 관한 정부간 협의체도 현재 존재하는 모든 모델이 결국 가설에 기반을 두고 있다는 것을 인정하는 정치적 기구이고요."

인터뷰 진행자는 "당신이 생각하는 정치의 의무는 무엇인가요?"라고 다음 질문을 했어요. 이에 페트리는 "사람을 교육하는 것이지요. 넓은 의미에서의 계몽입니다."라고 답했습니다. 그토록 학문을 불신하면서, 교육에 꼭 필요한 지식을 어디서 얻겠다는 건지 의문이죠.

페트리뿐만 아니라 도널드 트럼프도 과학적 사실을 잘 믿지 않았어요. 트럼프는 대통령이 되기 훨씬 전부터도 기후변화에 대

도대체 포퓰리즘이 뭐야?

해 '헛소리', '존재하지도 않는', '거짓말', '난센스', '지어낸 말' 등의 표현을 썼습니다. 그중 최악은 2012년 11월에 트위터에 올린 "기후변화는 미국 산업이 경쟁에서 불리하도록 중국인들이 만들어 낸 것이다."라는 내용의 글이었어요. 훗날 트럼프는 농담이었다고 말했지만 웃은 사람은 거의 없었을 겁니다.

시간이 흘러 2017년 7월경, 트럼프는 기후변화로 해수면이 상승하면서 수십 년 이내에 가라앉을 위기에 처한 버지니아주 탠저섬에 대한 다큐멘터리 소식을 들었어요. 탠저섬의 시장은 당시 대통령이었던 트럼프에게 직접 호소했습니다. "도널드 트럼프, 당신이 이걸 보고 우리에게 주는 어떤 도움도 감사히 받겠습니다!"라고 말했죠. 소식통에 따르면, 트럼프는 당장 탠저섬의 시장에게 전화를 걸어 걱정하지 말라는 말을 했다고 해요. 항상 국민의 말에 귀 기울이는 것, 포퓰리스트는 이런 역할을 즐깁니다.

학자들은 탠저섬의 운명을 비관적으로 보고 있어요. "탠저섬은 시간이 얼마 없다. 아무것도 하지 않으면 탠저섬의 시민들은 미국 최초의 기후 난민 가운데 하나가 될 것이다."라고 밝히기도 했지요.

언론을 대하는 포퓰리스트의 전략

◆

머리가 비면 끄덕이기 더 쉽다.
자르코 페탄, 슬로베니아 작가이자 영화감독

사실관계를 제대로 확인하지 않은 채 가짜 뉴스를 퍼뜨리는 언론과 미디어도 경계해야 하지만, 이를 교묘하게 이용하는 포퓰리스트도 경계 대상입니다.

포퓰리스트는 같은 통계라고 해도 자신에게 불리하게 작용할 때는 위조된 것이라 주장하고, 유리할 때는 진실이라고 떠들어 댑니다. 미국과 독일의 사례를 통해 포퓰리스트가 어떻게 자신의 입맛대로 언론을 이용하는지 살펴보죠.

유리할 때는 진실, 불리할 때는 거짓?

도널드 트럼프가 대통령에 취임하고 얼마 지나지 않았을 때, 텔레비전에서는 그를 위한 일종의 광고가 방영됐습니다. 광고 속 남성은 "미국이 이렇게 큰 성과를 낸 적이 없었어요!"라고 외쳤지요. 늘어난 일자리와 줄어든 세금, 마치 영화 예고편 같았어요. 슈퍼히어로는 당연히 트럼프였습니다.

멋들어진 자동차와 환하게 미소를 짓는 가족들의 사진이 화면을 가득 채웠어요. 그런 다음 광고에 이런 말이 나왔어요. "뉴스를 통해서는 트럼프의 성과에 대한 소식을 듣지 못할 것입니다." 과연 이 말이 사실일까요? 미국 뉴스는 트럼프가 이룬 성과에 대해 침묵했던 걸까요?

광고를 다시 돌려보면 영상 제작자가 출처를 표기한 부분이 눈에 띄어요. 트럼프의 말에 따르면 가짜 뉴스에 불과한《뉴욕타임스》와 미국 경제 전문 방송국 CNBC, 그리고 일간지《보스턴글로브》가 소식통으로 등장했지요. 이 셋은 미국에서 아주 유명한 언론 매체입니다. 그렇다면 미국의 대형 텔레비전 방송국은 정말 트럼프의 업적에 대해 보도하지 않았을까요? 그럴 리가 있나요, 당연히 보도했습니다. 이는 검색만 해 봐도 알 수 있는 사실이에요.

포퓰리스트는 언론이 자기 마음에 드는 소식을 알릴 때는 이를 인용합니다. 반면 자신의 견해와 다른 보도를 하면 가짜 뉴스라고 비난하죠. 자신의 의견과 반대되는 기성 정치인을 일컬어 '시스템'이라고 비난하는 것처럼, 자신의 견해와 다른 보도를 하면 '시스템 언론'이라고 욕하기도 해요. 이는 전 세계의 포퓰리스트가 사용하는 전략입니다.

대중의 신임을 받는 믿을 만한 언론이 제대로 일을 하면 음모론의 환상도 무너집니다. 언론은 반쪽짜리 진실을 퍼뜨리는 포퓰리즘에 맞설 아주 좋은 도구이죠.

트럼프는 동에 번쩍 서에 번쩍, 이곳저곳에서 진실을 왜곡했어요. 그는 2016년 2월, 그러니까 선거운동을 할 때 미국의 공식적인 실업률 수치가 위조됐다고 주장했습니다. 전임자인 오바마 대통령 재직 시기에 실업률은 감소했어요. 하지만 트럼프는 그때 미국의 상황이 좋지 않았다는 걸 보여 주려 했죠. 그래서 실업률 4.9퍼센트는 사실이 아니라고 주장했어요.

트럼프는 미국 뉴햄프셔주 연설에서 지지자들을 향해 "실업률은 28이나 29퍼센트, 어쩌면 35퍼센트일지도 모릅니다."라고 외쳤어요. "얼마 전에 42퍼센트라는 말도 들었습니다."라는 말도 덧붙였죠. 이는 정말이지 말도 안 되는 소리였어요. 근거가 있음에도 사실을 부정하고, 최악의 상황이 일어날 거라고 도발하는 것은 포퓰리스트들이 자주 쓰는 수법이에요.

그런데 우습게도 트럼프가 대통령에 취임하자, 낮은 실업률은 다시 옳은 정보가 되었습니다. 2017년 3월, 백악관은 실업률이 4.7퍼센트라고 발표했어요. 실업률 계산 방식은 이전과 그대로였는데 말이죠. 기자가 이러한 모순을 지적하자 백악관 대변인은 트럼프의 말을 인용해 답했어요. "수치가 과거에는 위조됐을 수도 있지만, 지금은 아주 현실적"이라고 말이에요.

근거도 없이 언론 비난하기

독일의 포퓰리스트도 언론에 대해 근거 없는 비난을 일삼았어요. 그들은 독일 언론이 자유롭게 보도하지 못하거나 보도할 의지가 없다고 주장했습니다. 이 주장은 국경 없는 기자회(세계 전

같은 통계라도 자신에게 유리할 때는 진짜,
불리할 때는 가짜라고 우기는 포퓰리스트!

역의 언론 자유를 지키고 언론인들의 인권을 보호하기 위해 설립된 단체)의 발표를 통해 사실이 아닌 것으로 밝혀졌어요. 국경 없는 기자회는 2002년부터 매년 전 세계 180개국의 언론 활동, 검열 환경, 투명성 등을 조사하여 세계 언론 자유 지수를 발표하고 있어요. 2022년 발표에 따르면 노르웨이가 1위를 차지했고, 덴마크와 스웨덴이 그 뒤를 이었어요. 독일은 16위를 차지했고요.

독일의 여러 매체에서는 고위 관직자를 포함해 사회복지 기금의 악용과 부패, 탈세 소식 등을 전달합니다. 우파 또는 좌파로 아주 많이 치우친 신문과 잡지도 자유롭게 살 수 있어요.

그러나 2017년 9월, 독일을 위한 대안의 캠페인 웹사이트가 문을 열었어요. 그 사이트는 주로 메르켈 전 총리를 공격했지만 언론을 비난하는 내용도 있었습니다. 독일을 위한 대안은 큼지막한 글씨로 "언론은 왜 메르켈의 실패에 대해 보도하지 않는가?"라고 질문했습니다. 원하는 사람은 이 문구에 사진까지 합성해 소셜미디어에 올릴 수 있었죠.

독일을 위한 대안이 주장한 것처럼 정말 언론이 메르켈의 실패에 대해 보도하지 않았던 걸까요? 자리에서 손쉽게 검색만 해보아도 2017년 6월 《프랑크푸르터 알게마이네 차이퉁》에 실린 기사를 볼 수 있어요. 기사 제목이 바로 '메르켈의 실패'였지요. 최소한 기사 하나는 있는 셈이에요.

물론 이게 전부는 아닙니다. 독일을 위한 대안의 웹사이트에는 테러 위험과 유럽연합의 채무 위기에 관한 글이 무척 많습니다. 이 사이트의 주장에 따르면 모든 건 앙겔라 메르켈 전 총리 때문이었어요. 독일을 위한 대안은 이 주장에 대한 여러 근거를 제시했어요. 《디벨트》, 《슈피겔》, 《타게스슈피겔》, 《빌트》, 《디차이트》 등 대형 신문과 잡지의 기사를 인용했지요. 이렇게 수많은 근거를 댈 수 있을 만큼 독일의 많은 매체들이 몇 년 간 '메르켈의 실패'에 대해 보도했던 거예요.

소셜미디어를 효과적으로 활용하기

포퓰리스트 정당은 다른 정당들에 비해 소셜미디어를 효과적으로 활용합니다. 전통적인 미디어와 달리 소셜미디어는 필터 없이 국민들과 직접 소통할 수 있으니까요. 신문에 오보가 걸릴 가능성은 현저히 낮지만, 인터넷은 한 번의 클릭만으로도 거짓말을 퍼뜨릴 수 있죠.

독일에서는 '탈사실'이라는 뜻의 포스트팍티쉬postfaktisch라는 단어가 유행한 적이 있습니다. 정치적 행위를 할 때 사실이 아닌 감정에 호소한다는 뜻이었지요. 독일어협회는 이 단어를 2016년 올해의 단어로 뽑으며 그 이유를 다음과 같이 밝혔어요. "점점 더 많은 사람들이 기득권층에 대한 반감으로 사실을 무시하고 뻔한 거짓말을 수용하려 한다. 탈사실 시대에서는 사실을 요구하는 것이 아닌, 자신이 느끼는 바를 발설하는 것이 성공으로 이어진다." 라고요.

독일을 위한 대안의 게오르크 파츠데르스키는 바로 이 점에서 본보기가 됐습니다. 어떤 기자가 그에게 '95퍼센트에서 98퍼센트'에 이르는 외국인들이 아니라 왜 언제나 폭력적인 외국인만 언급하는지 물었어요. 그러자 파츠데르스키는 "순수한 통계뿐 아니라 국민들이 어떻게 느끼는지도 중요하다. 느낌도 현실이다."라고 대답했어요. 국민들의 불안도 간과해서는 안 된다는 말이었죠.

미국 방송국 NBC의 뉴스 진행자 척 토드는 일을 제대로 하는 언론인이었습니다. 그는 2017년 1월, 트럼프의 고문인 켈리앤 콘웨이에게 트럼프가 왜 거짓을 퍼뜨렸는지 물었어요. 트럼프

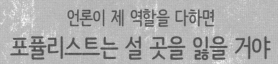

취임식에 참가한 인원보다 반트럼프 시위에 참가한 인원이 훨씬 더 많은 것으로 추정되었음에도, 취임식에 사상 최대 규모의 인원이 모였다는 주장을 펼친 것에 대해 물었지요. 이에 콘웨이는 거짓말을 한 것이 아니라 대안적 사실alternative fact을 말한 것이라고 변명했어요. 척 토드는 얼굴이 벌게지도록 흥분해서 그건 '대안적 사실'이 아니라 '거짓말'이라고 반박했지요.

자기 일을 제대로 하는 언론인들은 바로 이렇게 부조리를 비판합니다. 제빵사가 빵을 굽고 목수가 가구를 만들 듯 언론인은 권력자에 대한 진실을 밝히는 게 일이에요. 민주주의 국가에서는 기자가 권력자에게 진실을 묻지 않는다면, 그건 뭔가 잘못된 거예요.

3부

오늘날
포퓰리즘의 문제점

포퓰리스트의 유권자 공략법

◆

검은 구름에 둘러싸여 있는 사람을 경계하라.

발타사르 그라시안, 에스파냐 작가

"여러분이 다시 아이가 되어, 침대 밑에서 괴물이 나오는 꿈을 꾸었다고 상상해 보십시오. 평범한 정치인이라면 여러분과 함께 침대 밑을 들여다본 후에 이렇게 말할 겁니다. '자, 보다시피 아무것도 없어. 안심하고 더 자!' 하지만 포퓰리스트가 방에 들어온다면 이렇게 말하겠지요. '그래, 괴물이 있어. 네가 생각하는 것보다 훨씬 더 크고 위험한 괴물이야. 괴물에게서 너를 보호해 줄 사람은 나밖에 없어.'라고 말이죠."

이건 포퓰리즘 연구자나 기자가 한 말이 아닙니다. 오스트리아 사람인 슈테판 페츠너가 쓴 글이에요. 과거에 그는 유럽에서 아주 유명한 포퓰리스트 가운데 한 명이었어요. 요즘 그는 스스로를 전직 포퓰리스트라고 부르며 자신의 예전 방식을 날카롭게 비판하지요.

불안은 포퓰리스트를 뽑는 많은 사람들의 기본 정서입니다. 예전의 페츠너와 같은 포퓰리스트들은 불안한 감정이 더 활활 타오르도록 불을 지피곤 해요. 이때 가짜 뉴스와 혐오 발언은 제일 좋은 불쏘시개가 되죠.

포퓰리스트는 여러 전략을 펼치며 시민들을 조종하려 합니다. 합리적인 사고를 하지 못하는 사람들은 여기에 넘어가요. 포퓰리스트들이 어떻게 유권자를 조종하는지 알고 싶다면, 페츠너와 같은 사람들에게서 그 대답을 찾을 수 있습니다.

자극적인 용어로 불안감 조성하기

2000년대 초 페츠너는 오스트리아의 정치인 외르크 하이더를

오스트리아 정치인이었던 하이더(왼쪽)와 그의 정치적 동반자였던 페츠너(오른쪽)의 모습. 하이더는 열광과 비판을 동시에 불러일으키며 논란의 중심에 있었다. ⓒ연합뉴스

위해 일했습니다. 하이더는 나치와 히틀러를 찬양하고 유대인과 외국인을 멸시하는 말을 해서 물의를 빚어 온 대표적인 극우 정치인이에요. 그는 극우 정당인 오스트리아 자유당의 대표로 14년간 당을 이끌다가, 2005년 새로운 정당인 오스트리아의 미래를 위한 동맹[BZÖ]을 창당하여 이름을 떨쳤어요. 1986년 하이

더가 대표직을 넘겨받을 때 자유당은 몇 년째 6퍼센트 정도밖에 득표하지 못하던 상태였습니다. 하지만 14년 후 그가 퇴임할 때는 자유당이 내각에 참여할 정도로 크게 성장해 있었죠. 어쨌든 하이더는 오스트리아 국경 너머까지 널리 알려진 정치 스타였습니다.

페츠너는 자유당의 성공 요인 중 하나였습니다. 그는 하이더의 대변인이었을 뿐 아니라 선거운동과 캠페인을 주도했어요. 페츠너는 "케른텐주를 체첸 청정 지역으로!"와 같은 외국인 혐오 표

도대체 포퓰리즘이 뭐야?

어를 만들었습니다. 체첸은 러시아에 속한 자치공화국이에요. 과거 나치들은 유대인들이 추방되거나 총살되어 더 이상 살지 않는 곳에 '유대인 청정 지역'이라는 용어를 사용했는데, 이를 연상시키는 말이었죠. 언젠가 페츠너가 한 인터뷰를 통해 자신이 만든 표어가 논란을 일으킬 거라는 사실을 처음부터 알고 있었다고 밝히기도 했어요.

페츠너는 포퓰리즘이 마치 할리우드 블록버스터처럼 작동한다고 설명합니다. 한쪽에는 위협을 받는 선한 편이, 반대쪽에는 어둡고 불길한 힘을 가진 편이 존재한다고요. 그때 '정치적 슈퍼맨'인 영웅이 한 명 등장하죠. 오스트리아에서 이 슈퍼맨은 외르크 하이더였고 미국에서는 도널드 트럼프였습니다. 독일에서는 독일을 위한 대안이 자칭 이 역할을 맡고 있지요.

오스트리아 자유당은 다른 포퓰리즘 정당의 롤 모델이 될 법한 일을 많이 했습니다. 유럽의 새 우파 포퓰리즘 정당들의 원형이라고 평가되고 있죠. 독일을 위한 대안의 대표였던 프라우케 페트리는 자유당의 경험을 보고도 이득을 얻지 못하는 사람은 멍청한 것이라는 말을 했을 정도예요.

포퓰리스트가 쓰는 용어에 주목해 봐

불안과 분노를 조장하고 있는 게 느껴지니?

'비정상의 일상화' 효과 이용하기

포퓰리스트는 도발하기 위해 의도적인 말을 합니다. 흔히 비정상의 일상화라고 부르는 효과를 자주 사용하지요.

비정상적인 일이 자주 일어나면 사람들은 그것에 무뎌져, 더 이상 비정상적이지 않은 것처럼 여기게 돼요. 만약 누군가 매일 학교에 5분씩 늦게 오는데, 아무도 거기에 대해 말하지 않는다고 상상해 보세요. 언젠가는 지각이 일상적인 게 될 거예요. 예전에는 반드시 시간을 지켜야 했지만 5분쯤의 지각은 허용되는 것처럼 느껴질 테지요. 독일에서 '민족적'이라는 용어는 불과 2000년 대 중반까지만 해도 정치인이 자신의 정치 생명을 걸지 않고서는 사용하지 않았던 말입니다. 과거 세계대전 시기에 다른 민족을 크게 박해했던 일을 떠올리게 하니까요. 하지만 프라우케 페트리는 독일을 위한 대안의 대표로 활동하기 전부터 이 용어를 사용했어요.

포퓰리스트 중에서 자기는 그런 말을 한 적이 없다고 부인하는 경우도 있습니다. 아니면 그런 뜻이 아니었다고 말하지요. 이건 일석이조를 노리고 하는 말이에요. 포퓰리스트는 자신의 지지자들에게는 일단 그들이 환호할 만한 말을 합니다. 그리고 다른 사람들에게는 자기는 그런 말을 한 적이 없다고, 자신은 언론의 희생자라고 우기는 거죠.

도널드 트럼프가 미국의 수장이던 때, 미국에서도 '비정상의 일상화'가 매일같이 벌어졌습니다. 트럼프는 트위터를 통해 끊임없이 언론, 정치인, 유명 인사를 공격했어요. 하루에도 몇 번씩 《뉴욕타임스》와 같은 매체들을 '가짜 뉴스'라고 비난했지요. 이런 비정상적인 일이 일상적이고 평범한 일이 되고 나니 나중에는 뉴스거리조차 되지 않았어요.

낡은 정치에 한 방 날리는 슈퍼맨처럼 위장하기

포퓰리스트는 예의범절에 어긋나는 언어를 사용해 이득을 봅니다. 규칙을 어기면 어길수록, 시스템에 속하는 '구식 정당'과는 달리 '용기 있는 사람'으로 간주되는 것이죠. 이때 이들이 하는 말이 사실인지 아닌지는 중요하지 않습니다. 경기장 응원 단장의 모습을 떠올려 보세요. 장내 분위기가 뜨거워졌을 때 확성기로 "2 더하기 2는 5다!"라고 외칠 수도 있어요. 그러면 팬들은 우습다는 생각은 하겠지만 이 말로 인해 분위기가 깨지지는 않잖아요.

포퓰리스트들은 자신의 말이 사회적인 논란을 불러일으켜도 별로 개의치 않을 때가 많습니다. 몇몇 지지자들은 그들이 '주류'에 골탕을 먹인다며 환호하기도 해요. 누군가를 모욕하는 말, 명백하게 진실이 아닌 말, 예의를 지키지 않은 행동이 재밌다고 느끼는 사람들도 있겠죠. 하지만 이런 표현은 맞바람이 심할수록 빨리 도는 바람개비처럼 수위가 높을수록 더 반응이 커집니다. 당장은 해롭지 않다고 느낄 수도 있겠지만 지속된다면 문제가 될 수밖에 없어요. 이런 말들은 상대방의 눈앞에서 가운뎃손가락을 치켜세우는 것과 같은 심각한 욕이라는 걸 잊어서는 안 돼요.

그의 용기, 대담함이 마음에 든다고?
슈퍼맨 흉내를 내는 건 아닌지 **잘 들여다봐**

포퓰리스트에게 언어는 강력한 무기!

◆

인간의 가장 치명적인 무기는 언어다. 전염병과 마찬가지로,
인간은 최면을 거는 표어의 영향력에 감염되기 쉽다.
아서 케스틀러, 영국 작가

언어는 우리가 말하는 방식만 결정하는 것이 아니라 생각하고
행동하는 방식에도 지대한 영향을 줍니다. 우리가 일상적으로 사
용하는 언어는 우리의 세계관에 대해 아주 많은 것을 알려 줘요.
독일의 언어학자 엘리자베스 웨흘링은 언어의 힘에 대해 오래전
부터 연구해 왔습니다. "개별적인 단어와 문장은 그냥 눈으로 보
는 것보다 언제나, 정말 언제나 더 많은 의미를 품고 있다."라고
말하기도 했지요.

한 가지 예를 들어 쉽게 설명해 줄게요. "어린이가 공을 찬다." 는 문장을 그냥 읽기만 해도 발차기와 관련된 뇌의 영역이 활성화됩니다. "어린이가 포크를 쥔다."라는 문장을 읽으면 포크를 쥘 때와 비슷한 과정이 뇌에서 시작되고요.

언어로 부정적 인상 심어 주기

웨흘링에 따르면 이런 기제는 움직임에만 해당하는 게 아니에요. '계피'라는 단어를 읽으면 후각을 담당하는 뇌 영역이 활성화됩니다. '큰 물결'이나 '홍수'라는 단어에서는 사람들이 막아 낼 수 없을 만큼 많은 양의 물을 생각하게 되고, 저절로 자연의 엄청난 힘이 떠오르지요. 따라서 '난민 홍수'라는 표현은 무의식적으로 우리 내부에서 막기 어려운 엄청난 절망과 위험이라는 느낌을 불러일으켜요.

거듭 강조하듯 포퓰리스트는 '저 위에 있는 그들'과 '성실한 국민', '내국인'과 '다른 이들'로 사람들을 갈라놓기 위해 언어를 무기로 사용합니다. 독일을 위한 대안의 알렉산더 가울란트도 그랬

포퓰리스트는 섬뜩한 단어에 타깃을 아로새겨
그것이 우리 머릿속을 둥둥 떠다니게 말이야

어요. 몇 번이나 망명 신청자를 '야만인'과 동일시했지요. 이런 말을 하는 사람이나 듣는 사람 모두, 정치적인 이유로 망명을 신청하거나 전쟁이나 재난 때문에 하루아침에 난민이 된 사람을 자신과 같은 사람으로 보기 어려워져요. 야만인이라는 말을 들으면 같은 시대의 기술과 문화를 누리는 사람이 아닌 선사시대의 원시인들을 떠올릴 테니까요.

거친 언어를 사용하면 당연히 생각도 그에 맞게 변합니다. 만약 다른 사람을 '기생충'이라고 표현하는 사람이 있다고 합시다. 그는 이 '기생충'들을 생일 파티에 초대하거나, 함께 볼링을 치러 간다거나, 어떤 일을 믿고 맡기기가 어려울 거예요. 이미 그의 머릿속엔 기생충이 각인되어 있으니까요.

이러한 배제 효과를 일으키는 데는 언어뿐만 아니라 사진도 유용하게 활용돼요. 독일을 위한 대안은 2017년 연방의회 의원 선거 때 검은대머리수리 네 마리가 차단기에 앉아 있는 포스터를 걸었어요. 그 위에는 "사회복지국가? 국경이 필요하다!"라고 쓰여 있었죠. 이 포스터가 의미하는 바는 명확했어요. 검은대머리수리가 우리 사회복지국가를 약탈하려 한다는 인상을 주는 것이었지요.

뗄 수 없는 꼬리표 달아 주기

정치인이나 유능한 연설가는 이런 기술을 잘 이용해서 우리를 특정한 방향으로 이끕니다. 만약 누군가를 깎아내리는 용어를 자주 사용한다면 우리 뇌는 그 대상에 대한 부정적인 인식을 갖게 돼요. 우리가 인식하지 못하는 새 조금씩 조금씩 스며들지요.

도널드 트럼프도 이 기술을 잘 활용했습니다. 그는 포퓰리즘 속임수를 쓰는 데 대가이니까요. 2016년 미국 대통령 선거기간에 트럼트는 상대편 후보인 힐러리 클린턴에게 교활한 사기꾼이라는 뜻의 '크루키드'라는 별명을 붙였어요. 힐러리 클린턴이 국무부 장관으로 일하던 시절, 공적인 이메일을 보낼 때 사적인 이메일 주소를 사용해 문제가 된 것을 이유로요. 평범한 국민이라면 대수롭지 않은 일이지만 국무부 장관이라면 메일에 아주 민감한 내용이 포함될 수 있기 때문에 문제가 됩니다. 그래서 연방수사국은 클린턴을 대상으로 수사에 착수했어요.

이는 트럼프에게 좋은 기회였습니다. 그는 온라인과 오프라인에서 힐러리 클린턴을 '크루키드 힐러리Crooked Hillary'라고 반복하여 부르기 시작했습니다. 2016년 4월부터 11월 사이에 트위터에서

트럼프는 유세 현장에서 클린턴의 새 별명이라며 '크루키드 힐러리'라는 표현을 썼다. 이에 힐러리는 그의 인신 공격에 신경 쓰지 않는다며 논란을 일축했다. ⓒ연합뉴스

만 200번 이상 이 표현을 사용했죠.

'크루키드 힐러리'라는 표현은 마치 광고 카피처럼 사람들의 머릿속에 맴돌았어요. 그의 생각에 전혀 동의하지 않는 사람들도 '힐러리'라는 이름을 들으면 교활한 사기꾼을 연상하게 되었지요. 트럼프는 경쟁자에게 아무리 떼려 해도 뗄 수 없는 꼬리표를 붙인 거예요.

이 외에도 포퓰리스트가 선전에 활용하는 무기는 많아요. 다음 장에서 더 자세히 살펴보기로 해요.

도대체 포퓰리즘이 뭐야?

포퓰리스트는 어떻게 사진을 조작할까?

◆

사진을 지배하는 자가 머리도 지배한다.

빌 게이츠, 마이크로소프트 창립자

사진은 시각적 메시지를 담고 있어서, 이를 보는 사람들의 생각과 태도에도 영향을 미칠 수 있습니다. 단 한 컷의 사진이 우리 머릿속에 강렬한 인상을 남기기도 하지요. 특히 정치인들에게 사진은 그들의 이미지를 형성하는 데 무척이나 중요한 역할을 합니다. 포퓰리스트는 상대를 배제하고 비방하는 데 언어로 충분하지 않으면 사진을 이용해요. 사진을 조작하고 왜곡하여 선전하는 것이죠.

상대를 비하하기 위해 합성사진 펴뜨리기

독일을 위한 대안은 페이스북에 유력한 경쟁자이자 사회민주당의 총리 후보였던 마르틴 슐츠의 사진을 올렸어요. 그런데 어딘지 모르게 이상해 보이는, 뭔가 호감이 가지 않는 모습이었어요. 코는 더 길어지고 입술은 뾰족했지요. 페이스북에 그의 외모에 대한 내용이 다루어진 것도 아니었어요. 그저 사진 한 장이 필요했을 뿐이죠. 이 포스팅은 나중에 이유도 없이 삭제됐습니다.

네덜란드 민주66당 대표였던 알렉산더 페흐톨트의 모습. 2021년 총선에서는 진보 성향의 민주66당이 2위, 헤이르트 빌더르스가 이끄는 자유당이 3위를 차지했다. ⓒ연합뉴스

도대체 포퓰리즘이 뭐야?

독일을 위한 대안 대변인에게 질문했지만 답변이 없었어요. 슐츠의 얼굴이 달라진 이유는 지금까지도 알려지지 않았습니다.

네덜란드의 우파 포퓰리스트 헤이르트 빌더르스도 2017년 2월에 조작된 사진 한 장을 트위터에 올려 선동했습니다. 그는 네덜란드의 진보 정당인 민주66당[D66] 소속 알렉산더르 페흐톨트의 얼굴을 잘라서 과격한 이슬람주의자들의 시위 사진에 합성했습니다. 제목은 '페흐톨트, 하마스(팔레스타인의 이슬람주의 단체) 테러리스트들과 함께 시위하다.'였어요. 물론 이는 전혀 사실이 아니었죠. 페흐톨트는 시위에 참여하지도 않았어요. 이 위조 사진에 대해 묻자 빌더르스는 페흐톨트가 이래서는 안 된다는 뜻으로 한 거라며 적당히 대꾸했어요.

사진을 왜곡하고 자기 멋대로 해석하기

2016년 2월 27일, 당시 독일 기독교민주연합 연방의회 의원이었던 에리카 슈타인바흐는 트위터에 포퓰리즘 기술을 활용한 게시글을 올렸습니다.

사진 속에는 어두운 색 피부를 가진 아이들이 따뜻한 미소를 짓고 있었어요. 그들은 금발 머리에 하얀 피부를 가진 아이 한 명을 에워싸고 호기심 어린 표정으로 바라보고 있었지요. 사진의 위아래에는 각각 "독일 2030", "너, 어디서 왔어?"라는 문장이 쓰여 있었고요.

슈타인바흐는 이 사진으로 무슨 말을 하려던 걸까요? 당연히 이방인에 대한 두려움이에요. 하얀 피부를 가진 아이가 자신의 나라에서 도리어 이방인이 된다는 뜻이었죠.

그러자 그의 트위터를 향해 거센 비판이 쏟아졌습니다. 당시 녹색당 대표였던 시모네 페터는 인종차별적이라고 했고, 자유민주당 대표 크리스티안 린드너는 '어리석음의 상한선'을 정해야 한다고 했죠. 쾰른 대주교구의 라이너 마리아 뵐키 추기경도 분노를 감추지 못했어요. 독일 방송국 타게스샤우도 이 트위터에 대해 보도했지요.

슈타인바흐는 걱정이 많은 어느 아버지가 이메일로 사진을 보내온 거라고 해명했습니다. 그의 말에 따르면, 이 사진은 공격적이지는 않지만 많은 사람들이 악몽이라고 느끼는 것을 명확하게 보여 주고 있다고 했어요. 눈이 있는 사람은 누구나 그걸 확실히

같은 사진, 다른 의미
진실을 왜곡한 사진에 속지 말자!

 Florian
@Beautiful_Days

FOLLOW

인도 여행 중 찍은 사진. 아이들의 아름다운 만남.

피부색은 달라도
바로 친구가 됐네.
귀여워!

 Olive
@Olivia22

FOLLOW

독일 2030. "너, 어디서 왔어?"

이러다가 우리나라에
낯선 외국 애들만
가득하겠어!

볼 수 있을 거라고요. 하지만 실제 사진 속에 담겨 있던 건 독일로 들어오는 사악한 외국인이 아니라, 그저 한 아이를 호기심 가득한 시선으로 바라보는 아이들의 모습이었어요.

독일 방송국 NDR의 기자는 더 정확한 사실을 알아내기 위해 사진의 출처를 찾아 나섰습니다. 그는 이 사진을 어디서, 누가, 어떤 맥락에서 찍었는지 밝히고 싶었죠. 그래서 검색을 통해 사진의 출처를 거꾸로 추적해 봤어요.

알고 보니 이 사진은 이미 유럽 전역의 웹사이트에 널리 알려져 있었습니다. 주로 극우 성향의 사람들이 많이 찾는 사이트들이었죠. 사진은 동일했지만 아래에 쓰여 있는 문구는 조금씩 달랐어요. 예를 들어 '폴란드 2020'이나 '노르웨이 2030' 또는 '루마니아 2030' 등이었지요. 그곳에 사는 사람들은 백인이 소수가 될까 봐 두려워하는 듯했어요. 실제로 폴란드에서 외국인이 차지하는 부분은 0.4퍼센트에 불과하지만요.

NDR의 기자는 계속해서 역추적하며 마침내 사진 속 금발 머리 아이의 가족을 찾았습니다. 이들은 오스트레일리아에 살고 있었고, 사진은 인도 여행 중에 찍은 거였어요. 자신들의 사진이 어떤 식으로 전 세계를 떠돌고 있는지 알게 된 아이의 부모는 큰

도대체 포퓰리즘이 뭐야?

충격을 받았어요. "이렇게 아름답고 선입견이라고는 찾아볼 수 없는 아이들의 만남을 왜곡하여 이용하는 건 인종차별주의가 얼마나 한심한 건지 보여 주는 겁니다." 아이 아버지가 말했죠.

그러나 슈타인바흐는 아이 부모에게 사과하지 않았어요. "언론과 기자들이 이런 데 시간을 허비하다니, 어쨌든 그건 놀랍군."이라는 비열한 글을 온라인상에 올리기도 했고요.

요약하자면 슈타인바흐는 인도 아동복지시설을 방문한 오스트레일리아 소년의 조작된 사진을 이용해 2030년 독일은 내국인이 소수가 될 수도 있다는 주장을 하려 한 거예요. 이것이 포퓰리스트가 사진을 조작해 대중을 선동하는 방식입니다.

포퓰리스트가 위험한 이유

◆

거리를 정복할 수 있다면 대중을 정복할 수 있다.
그리고 대중을 정복하는 자는 국가를 정복한다.
요제프 괴벨스, 독일 나치 정권의 선전 장관

지금까지 우리는 포퓰리스트가 유권자를 공략하기 위해 어떤 방법을 쓰는지, 어떤 언어를 쓰며, 어떻게 사진을 왜곡하는지 등을 알아봤습니다. 본질적인 질문을 하나 해 볼게요. 그렇다면 포퓰리스트가 왜 우리 사회에 위험한 존재인 걸까요? 포퓰리스트를 알아보고 경계하는 것이 왜 중요한 걸까요? 그것은 포퓰리스트가 국민을 분열시키고 민주주의 체제를 파괴할 수 있기 때문이에요. 다음 사례를 통해 생생하게 살펴봐요.

❶ 포퓰리스트는 과격한 표현으로 우리 사회를 모욕한다

앞서 '비정상의 일상화'에 대해 이야기했어요. 포퓰리스트는 과격한 정치 언어를 쓰기 위해 이 심리적인 효과를 이용합니다. 언어에는 생각이 따라와요. '비정상의 일상화'가 위험한 것은 경계를 넘어서도 이를 인식하지 못하는 사람들이 있다는 거예요. 정치인은 보통 사람들보다 언어의 경계를 더 엄격하게 지켜야 함에도 불구하고 포퓰리스트들은 언어의 경계를 모르거나 무시하는 때가 많지요.

독일을 위한 대안 연방의회 의원인 옌스 마이어를 예로 들어보죠. 2017년 1월 그는 드레스덴 무도회장의 한 레스토랑에서 매우 극우주의적인 연설을 했습니다. 그는 독일인의 민족 정체성을 강조하고 혼혈을 비하하는 의미로 '잡종 민족'에 대해 경고했을 뿐 아니라, 이른바 독일의 '죄의식 숭배'가 끝났다고 선언했어요. 죄의식 숭배Schuldkult란 과거 나치가 저지른 범죄에 대해 독일이 책임지고 만회하자는 것을 의미해요. 극우파는 이를 거부하고 있죠.

2017년 3월, 독일을 위한 대안의 주의회 의원이었던 마리오 레만 역시 의회에서 이런 말을 했어요. "굴러 들어온 온갖 소매치

기와 강간범들에게 참정권과 시민권을 선물한다는 것은 우리 독일 국민에 대한 배신입니다." 그는 그저 독일에 온 사람들에게 소매치기와 강간범이라고 이름 붙이는 무례한 행동을 했지만 공식적인 경고도 받지 않았어요.

정치인은 민주적인 의미에서 한 국가 내에서 가장 큰 권력을 가지고 있습니다. 사람들의 본보기가 되지요. 만약 정치인이 누군가를 경멸하면 다른 사람들도 그렇게 하라고 본을 보이는 거예요. 그렇게 권위 있는 사람조차도 예법을 지키지 않으면 다른 사람들은 지키려 할까요?

영국의 포퓰리스트 정치인 나이절 패라지도 유럽의회 연설에서 다른 정치인들을 경멸하는 모습을 보여 줬어요. 당시 영국 독립당의 대표였던 그는 이렇게 말했습니다. "여러분 중에 평생 진짜 직업을 가져 본 사람은 아무도 없다는 거, 잘 압니다. 경영을 했다거나 누군가에게 일자리를 제공한 적도 없고요."

영국 방송국 BBC는 패라지의 주장이 사실인지 확인해 봤어요. 이날 유럽의회에서는 패라지를 제외하고 13명이 연설을 했습니다. 그중 세 명은 정치인이 되기 전 기업가였고, 다른 사람들은 어학 교사나 변호사 또는 특정 분야의 전문가나 교수로 일했지요. 패라지가 한 말은 사실이 아니었던 거예요.

패라지의 연설은 비디오로도 확인할 수 있어요. 패라지 뒤쪽에는 리투아니아 유럽연합 집행위원인 비테니스 안드리우카이티스가 앉아 있었습니다. 그는 계속 고개를 저으며 손으로 얼굴을 가렸어요. 안드리우카이티스는 예전에 심장외과 의사였고, 리투아니아에서 최초로 시행된 심장이식에 참여한 이력도 있었죠. 패라지의 연설은 아무런 의미도 근거도 없이, 그저 모두 싸잡아 비난한 것에 불과했습니다. 직업과 일에 대한 모욕적인 의미까지

전 영국 독립당 대표 나이절 패라지의 모습. 2016년 그가 공개한 브렉시트 포스터는 나치 선전 영화에 나온 사진과 유사해 파문을 일으키기도 했다. ⓒ연합뉴스

포함되어 있었고요. 그는 그저 다른 사람을 모욕하려고 했던 것 같아요.

❷ 포퓰리스트는 우리 사회의 신뢰와 불신의 균형을 무너뜨린다

포퓰리스트들은 이런 언행으로 민주주의에서 가장 중요한 자원인 신뢰와 불신을 해칩니다. 왜 그들은 신뢰와 불신을 무너뜨리려는 걸까요?

일단 정치에는 신뢰가 필요해요. 우리는 국가 운영의 중요한 업무 대부분을 정치인들에게 맡겨야 하니까요. 직접민주주의 제도를 택한 나라에서는 시민들이 직접 법률을 제정할 수 있습니다. 하지만 현실적으로 실행에 옮기기는 어려워요. 누가 자신의 여가 시간에 강아지 사료 변경 규정 같은 걸 정하려 하겠어요?

장기적으로 볼 때 직접민주주의 제도는 꽤 복잡합니다. 간단히 생각해 봐도 수많은 사람들이 모여 투표를 하려면 넓은 장소가 필요하지요. 매번 많은 시간과 돈을 들여야 하고요. 그래서 우리는 믿을 만한 사람을 뽑아 그들을 국회로 보냅니다. 만약 그들이 하는 일이 마음에 들지 않는다면 다음 선거에서 뽑지 않죠.

그러므로 정치에는 건강한 불신도 필요해요. '저 정치인이 자신이 한 약속을 잘 지키고 있나? 그가 주장하는 것이 사실인가? 우리가 기대했던 대로 행동하고 있나?' 등의 생각을 가져야 하죠. 하지만 그렇다고 해서 우리가 직접 이 모든 것을 확인할 수는 없어요. 그래서 비정부기구^{NGO}와 언론인이 존재하는 거예요. 이렇듯 민주주의는 '언론의 불신에 대한 신뢰' 즉, 언론이 우리를 대신해 정치를 제대로 감시하고 있다는 믿음이 어느 정도는 필요해요.

'언론의 불신에 대한 신뢰'는 과거 십여 년 동안 흔들렸습니다. 앞에서 살펴보았듯 언론에게도 책임이 있어요. 하지만 포퓰리스트는 모든 언론을 싸잡아서 비난합니다. 언론이든 자신과 다른 견해를 지닌 정치인이든 기회만 생기면 불신의 씨앗을 뿌리죠.

❸ 포퓰리스트는 잘못된 편 가르기로 우리 사회를 분열시킨다

독일 연방의회에는 동료들을 '국민의 배신자'라고 간주하는 의원들이 앉아 있습니다. 독일 일간지 《디벨트》에 따르면 이들은 동료를 '돼지들'이라고 부르고, '연합국의 꼭두각시'라며 비하해요. 연합국은 제2차 세계대전에서 독일에 맞섰던 영국, 프랑스, 미국, 소련 등을 일컫지요. 그런 의원들 중에는 독일을 위한 대안의 알렉산더 가울란트도 포함되어 있습니다. 그는 자신이 대리해야 하는 국민 가운데 일부를 '아나톨리아(흑해와 지중해 사이에 있는 튀르키예의 넓은 고원 지대)에 갖다 버리고' 싶어 해요. 독일 연방의회에는 가울란트처럼 독일 나치의 국방군을 자랑스러워해야 한다고 생각하는 의원들이 많이 앉아 있어요.

이들은 자신들만이 유일하게 청렴한 민주주의자라고 믿고 있습니다. "우리는 이 나라에서 기본법(독일연방공화국의 헌법)의 토대에 서 있는 마지막 정당입니다." 독일을 위한 대안 연방의회 의원이었던 한스외르크 뮐러가 2016년 8월에 한 연설이에요. 그는 "기독교민주연합과 기독교사회연합^{CSU}, 자유민주당과 녹색당, 좌파당^{Die Linke}의 모든 정치인은 독일에서 국민과 주권을 없애는 행위를 하며 이미 오래전에 기본법의 토대를 떠났습니다.'라고 주장했어요. 독일 정치인들은 국민들을 총알받이로 내던졌다고 말하기도 했지요.

뮐러와 같은 정당 동료인 슈테판 프로치카는 당시 메르켈 총리가 '독일 민족 말살'을 계획하고 있다고 주장했습니다. 그는 2014년 트위터에, '유럽연합은 유럽연합이 아니라 제4제국'이라고 리트윗하기도 했어요.

여기에 더해 독일을 위한 대안의 알리스 바이델은 "과거의 파시스트는 오늘날 반파시스트이자 선한 인간"이라고 말했어요. 파시스트^{fascist}는 국가의 이익을 위해 개인의 자유를 극도로 통제하는 이른바 파시즘^{fascism}을 신봉하는 사람들을 가리키는 말이에요. 독일의 파시스트로 히틀러를 꼽곤 하죠. 바이델의 발언은 나치를 옹호하는 것과 다름없었어요.

민주주의 국가의 정치인으로서 이보다 더 과격하고 파괴적인 표현을 하기는 어려울 거예요. 이처럼 민주주의의 경계를 넘나드는 사람들에게 반박할 논거를 적어도 몇 가지는 준비해 둬야 해요. '잡종 민족'과 같이 어둡고 인종차별적인 주제에는 조명등을 환히 비춰야 하니까요. '잡종 민족'을 피하고 싶다고 말하는 사람은 다음 질문에 답할 수 있어야 합니다.

- 도대체 '잡종 민족'이 뭔가요? 전체 국민에서 이민자가 10퍼센트 이상이면 잡종 민족인 건가요? 아니면 20 혹은 30퍼센트인가요?
- '잡종 민족'을 피하고자 한다면 개인은 어떤 일을 해야 하나요? 외국인과 교제 중이거나 결혼한 사이라면 헤어져야 하나요? 아니면 그저 출산만 피하면 되는 건가요?
- 누가 어떤 민족에 속하는지 물을 때 종교가 중요한가요? 가톨릭 신자인 흑인 남편은 괜찮고, 머리카락이 적갈색인 이슬람교도 남편은 안 되나요?

독일을 위한 대안의 주 협회 가운데 몇몇 곳의 회장은 이민자 집안 출신입니다. 바이에른주에서는 성이 미아츠가, 비스트론, 프로치카, 포돌라이, 침니오크, 시론과 같은 사람들이 독일을 위한 대안 연방의회에 지원하고 있고요. 이들의 조상이 이민자였음을 짐작할 수 있죠. 극우 포퓰리스트들의 관점에서 보면 그들을 뭐라고 해야 할까요?

독일이 존재하는 한, 독일은 '잡종 민족'입니다. 이 문제는 늘 민족을 어떻게 정의하느냐에 달려 있어요. 현재 독일을 구성하는 작센주와 바이에른주, 독일 중북부 프리슬란트와 서남부 슈바벤 지방 사람들이 모두 한 민족이라고 느끼기까지는 수백 년이 필요했지요.

더 나은 곳을 찾아 떠나는 이주의 물결도 20세기 들어 시작된 게 아닙니다. 17세기 말에는 프랑스 신교도 수만 명이 독일로 이주했고, 19세기 말에도 폴란드 이민자 수십만 명이 독일 서부로 왔으니까요. 게다가 1950년대 중반부터 1973년까지 그리스, 에스파냐, 이탈리아 등에서 외국인 노동자 300만 명가량이 독일로 왔다가 그대로 머물렀고요.

❹ 포퓰리스트는 증오와 폭력을 부추긴다

"여러분의 나라를 되찾으세요."라는 문장은 2017년 독일을 위한 대안의 선거운동 표어 중 하나였습니다.

도대체 포퓰리즘이 뭐야?

선거를 치른 저녁, 독일을 위한 대안의 총리 후보였던 알렉산더 가울란트가 지지자들을 향해 외쳤습니다. "우리는 나라와 민족을 되찾을 겁니다!"

일찍이 2015년 10월에는 독일을 위한 대안의 젊은 정치인 마르쿠스 프론마이어가 이렇게 선언했지요. "우리가 나서서 청소하고 쓰레기를 치울 겁니다."

독일을 위한 대안의 튀링겐주 대표였던 뵈른 회케는 어느 연설에서 '청소'에 대해 이야기하면서 "메르켈에게 정신병자들이 입는 구속복을 입혀서 총리직에서 끌어내리는 것"이라고 말했습니다.

분노한 독일 시민 프랑크 S가 하마터면 살인범이 될 뻔한 일도 있었어요. 그는 2015년 10월 쾰른에서 30센티미터짜리 칼을 품은 채 어느 여성 정치인을 기다렸습니다. 그날은 시장 선거 하루 전날인 토요일이었죠. S는 당선 가능성이 가장 높은 헨리에테 레커를 기다리는 중이었어요.

S는 선거운동 파라솔에 있는 레커에게 다가가, 자신에게 줄 장미가 있는지 물으며 기습적으로 공격했습니다. 레커는 피를 흘리며 땅바닥에 쓰러졌어요. S는 레커를 구하려고 달려온 다른 사람들에게도 중상을 입혔어요. 그는 경찰에 체포된 뒤 "내가 당신들

을 위해서 이 일을 한 거야.”라고 말했다고 합니다.

법정에서 그는 독일이 이슬람화되는 것을 막으려 했다고 진술했어요. 원래는 당시 총리인 앙겔라 메르켈을 노렸지만 접근할 수 없었다고 했죠. 그는 레커를 '극좌파'라고 욕하고, 나라가 이슬람 손아귀에 넘어간다면 레커도 공범 중 하나라고 했어요. 법원은 그에게 14년 징역형을 선고했습니다.

중상을 입었던 레커는 다행히 회복했고 중환자실에서 쾰른 시장으로 당선되었다는 소식을 접했죠. 그는 S를 향해 “증오와 폭력

레커를 공격한 범인 프랭크 S는 44세의 남성으로 수년간 실업 상태인 쾰른 주민이었다. 경찰은 그 범행이 외국인 혐오 표출에서 비롯된 것이라고 밝혔다. ⓒ연합뉴스

도대체 포퓰리즘이 뭐야?

은 해결책이 아니라는 사실을 깨닫길 바랍니다."라고 말했어요.

프랑크 S는 오래전부터 극우파였어요. 증오와 폭력을 부추기는 사회적 분위기가 그에게 범죄를 저지르도록 날개를 달아 준 듯했습니다.

2015년에는 난민 수용소 습격도 엄청나게 증가했습니다. 독일 연방형사청이 기록한 난민 수용소에 대한 범행은 1000건 이상이었어요. 2016년에는 작센주에 있는 바우첸에서 난민 수용소 한 채가 불탔어요. 다행히도 안에는 아무도 없었지요. 건물이 화염에 휩싸인 동안, 서른 명가량의 구경꾼들이 그 앞에 서서 박수를 치고 있었어요. 이 경악스러운 사건을 두고 독일을 위한 대안주의회 의원이었던 산드로 헤르젤은 "이는 공격 행위가 아니라, 저 위에 있는 사람들의 결정에 대한 절망에서 나온 행위입니다."라고 말했어요.

정치적인 이유로 마치 게임을 하듯 상대에게 폭력을 가하는 행위는 포퓰리스트들이 원하는 것이기도 합니다. 도널드 트럼프도 이런 일을 했습니다. 2016년 2월, 그의 선거 연설은 훼방꾼들 때문에 중단되었어요. 그러자 그는 자신의 지지자들에게 제재를 가하라고 부추겼습니다. 돌아가는 카메라 앞에서 지지자들에게,

훼방꾼들을 "늘씬하게 패주라."고 소리친 거예요. 심지어 변호사 비용은 자신이 다 대겠다는 말까지 덧붙였지요.

대부분의 포퓰리스트가 그러하듯 트럼프도 단호하게 대처하는 사람에게 약했어요. 트럼프가 대통령직을 수행하던 때인 2017년 4월, 그는 당시 필리핀 대통령 로드리고 두테르테에게 전화를 걸었습니다. 트럼프는 두테르테가 '마약과의 전쟁'을 선포한 것에 대해 축하 인사를 건넸어요. 그 배경은 필리핀 대통령이 된 후에 두테르테가 실제 마약상 혹은 그렇게 추정되는 사람들과 피비린내 나는 전쟁을 벌인 데 있어요.

인권운동가들은 2016년 6월에 두테르테가 대통령에 취임한 이래로 필리핀에서는 약 1만 2천명이 사망했다고 밝혔어요. 국제사면위원회에 따르면, 경찰은 사람들을 죽이려고 청부 살인업자도 고용했어요. 마약 중독자들 역시 당국의 표적이었죠.

두테르테는 2016년 9월 기자회견 자리에서 마약과의 전투를 홀로코스트(제2차 세계대전 중 나치 독일이 자행한 유대인 대학살)에 비유했습니다. "히틀러는 유대인 300만 명을 죽였습니다. 이곳에는 마약중독자가 300만 명 있어요. 나는 이들을 기꺼이 도살할 겁니다."라는 말을 했죠. 두테르테의 말과 달리 실제 히틀러는 유

대인 600만 명을 학살한 것으로 알려져 있습니다. 어쨌든 트럼프는 두테르테가 한 이 일을 두고 '환상적'이라고 말하기까지 했어요.

포퓰리스트는 나라가 위험에 처해 있으니 방어해야 한다고 말하면서 증오와 폭력을 부추깁니다. 2016년 힐러리 클린턴이 피자 가게에서 아동 성 착취 조직을 운영하고 있다는 가짜 뉴스에 격분하여 총을 난사한, 이른바 '피자 게이트' 사건의 범인 웰치도 포퓰리스트의 말에 휘둘린 거였어요. 이듬해 미국 공화당 정치인들에 대한 분노로 그들이 있는 공원 야구장을 찾아가, 총부리를 겨누어 중상을 입힌 제임스 호지킨슨도 마찬가지였고요.

도대체 포퓰리즘이 뭐야?

4부
포퓰리즘에 맞서는
우리의 자세

포퓰리즘을 견제하기 위한 몇 가지 제언

◆

스스로 생각하는 것은 최고의 용기다.
용감하게 스스로 생각하는 사람은 스스로 행동할 것이다.
베티나 폰 아르님, 독일 작가

이제 여러분은 오늘날의 포퓰리즘이 무엇인지, 포퓰리스트가 이토록 득세하는 원인은 무엇인지, 포퓰리즘이 우리 사회에 어떤 문제를 일으키는지 등을 확실히 알게 되었을 거예요. 포퓰리즘으로 사회적 혼란과 갈등을 겪고 있는 세계 여러 나라의 사례들은 우리가 포퓰리즘에 어떻게 대처해야 하는지 알려 주고 있습니다. 포퓰리즘에 대처할 수 있는 구체적인 몇 가지 방법을 살펴보기로 해요.

❶ 전투적이고 위험한 단어 경계하기

미국의 역사학자 티머시 스나이더는 홀로코스트 연구로 유명합니다. 그는 오래전부터 지극히 평범한 사람들이 어떻게 나치 범죄자가 되었을까라는 의문을 품고 있었어요.

스나이더는 『폭정: 20세기의 스무 가지 교훈』이라는 저서를 통해 파시스트 정권은 가장 먼저 진실을 공격한다고 경고했습니다. 우리가 오늘날 '가짜 뉴스'라고 표현하는 것이 당시에도 이미 무기였던 거지요.

그가 말하는 교훈은 "진실을 믿어라, 직접 조사하라, 어법에 공을 들여라, 앞장서라, 제도를 보호하라." 등이에요. 진실과 거짓의 존재를 인정하지 않는 사람은 독재자를 위한 기반을 준비해 주는 것이라고 이야기했지요.

스나이더는 2016년에 도널드 트럼프가 미국 대통령에 당선된 것이 민주주의에 대한 위험이라고 보았어요. 그래서 책을 통해 트럼트와 같은 포퓰리스트에 맞서 민주주의를 탄탄히 하는 데 도움이 될 만한 20가지의 조언을 했습니다. 그중 "위험한 낱말을 경계하라."는 것도 포함되어 있어요.

스나이더는 싸움을 부추기는 위험한 용어를 경계하라고 말합니다. 예컨대 '흑인'이라고 말하는 사람은 단순히 피부색을 묘사하는 것이에요. 반면 '깜둥이'라고 말하는 사람은 모욕하려는 의도로 그런 용어를 쓰는 거죠. 그래서 우리는 항상 스스로에게 질문해야 해요. 자신이 혹은 정치인이 쓰는 이 용어가 상대를 모욕하는 것은 아닌지 말이에요.

포퓰리스트가 쓰는, 싸움을 부추기는 용어를 듣는 사람은 그때마다 자신이 조종당하고 있다는 사실을 깨달아야 합니다. 포퓰리스트가 의도한 대로 보고, 생각하게 되니까요. 아래의 몇 가지 사항을 잘 읽어 두면 스스로의 관점을 지키는 데 도움이 될 거예요.

- 망명 신청자는 침입자도, 미개인도, 강간범도 아니에요.
- 극우파는 '나쁜 놈'이 아니에요.
- 계획을 변경한 투자자는 '메뚜기'가 아니에요.
- 정치인은 '국민의 배신자'가 아니에요.
- 군인은 살인범이 아니에요.
- 언론인은 '거짓 언론'이 아니에요.
- 이슬람교도 여성은 두건 쓴 여자가 아니에요.

- 시위대는 시끄럽고 거슬리는 녀석들이 아니에요.
- 정당은 '상종 못할 쓰레기 집단'이 아니에요.

이 모든 용어는 표현의 자유라는 이름으로 보호를 받습니다. 사용한다고 해도 딱히 처벌을 받는 것도 아니지요. 하지만 이토록 거친 용어를 쓰는 게 무슨 도움이 될까요? 망명 신청자를 망명 신청자라고 부르는 사람도 난민 정책을 비판할 수 있어요. 군인을 군인이라고 불러도 외국 전쟁에 군대를 파견하는 걸 거부할 수 있고요.

증오의 씨를 뿌리는 사람에게는 증오가 아니라 논거로 맞서야 합니다. 증오와 경멸은 결국 폭력으로 이어지는데 폭력은 정치적 수단이 아니거든요. 독일을 위한 대안 벽보를 붙이던 사람이 돌을 맞은 적도 있고, 선거운동 도우미들이 짓밟히거나 목을 졸린 적도 있어요.

민주주의는 사상의 차이를 폭력으로 해결하지 않고 모든 당사자가 평화로운 수단으로 해결한다는 점에서 독재와 구별됩니다. 폭력을 사용해야 한다고 말하는 사람은 이미 민주주의자가 아닌 거예요.

도대체 포퓰리즘이 뭐야?

민주주의에 빨간불을 켜는 위험한 낱말을 경계하자

❷ 포퓰리스트의 말과 행동 따라 하지 않기

2015년 8월, 사회민주당 소속으로 당시 독일 부총리였던 지그마어 가브리엘은, 포퓰리스트들과 싸우기 위해서라 하더라도 포퓰리스트의 말과 행동을 따라 해서는 안 된다는 걸 몸소 보여 줬습니다. 작센주의 난민 수용소가 포퓰리스트 지지자들에게 공격당한 후에 그는 분노해서 카메라 앞에 섰어요. 가브리엘은 난민 수용소를 공격하며 난동을 부린 사람들은 '상놈'이고, 모두 가두어야 한다고 말했지요.

유튜브에는 난동을 부린 사람들이 "자치적, 전투적, 민족적 저항!"이라는 전형적인 극우파 슬로건을 외치는 영상이 있어요. 이들은 교통 안전봉으로 경찰을 때리고 "짭새들에게 돌진!"이라고 외치며 무기를 던집니다. 이런 건 민주주의와 거리가 멀죠.

아무리 그렇다고 해도 가브리엘이 말한 '상놈'은 그들을 경멸하는 표현입니다. 포퓰리즘을 비난하기 위해 포퓰리즘을 따라 한 것이지요. 그의 말은 포퓰리즘에 의해 다시 이용됐어요. 시위자들 중 일부는 "우리가 국민이다!"가 아니라, "우리는 상놈이다!"를 외쳤거든요. 이는 오늘날에도 사용되는 슬로건이에요. 독일을 위한 대안은 가브리엘이 폭력적인 극우파가 아니라 일반 시위대에게 '상놈'이라는 말을 썼다며 비난했어요.

가브리엘은 때로 포퓰리즘적인 행동을 하기도 합니다. 2016년에는 자신의 아버지를 들먹이며 자신을 비난하는 극우파 시위대에게 격분하여 가운뎃손가락을 들어 보였죠. 몇몇 언론인들은 가브리엘의 단어 선택과 행동을 매섭게 비판했지만, 다른 몇몇은 그를 지지했어요. 언론이 이런 일이 왜 벌어졌는지 제대로 보도했지만, 결국 사람들의 기억에 남은 것은 가운뎃손가락과 상놈이라는 무례한 말과 행동뿐이었지요.

미국의 힐러리 클린턴도 2016년 대통령 선거운동 중에 도널드 트럼프를 공격하기 위해 트럼프 같은 말을 하는 실수를 했습니다. 클린턴은 선거 두 달 전에 연설을 하면서 트럼프 지지자들을 둘로 나누었어요. 트럼프를 지지하는 사람들을 인종차별적이고 성차별적이고 동성애자와 외국인에게 적대적인 '개탄스러운 사람들'과 정부와 경기침체에 '실망한 사람들'로 나눈 거예요. 클린턴은 실망한 사람들에게는 신뢰를 얻어야 한다고 했지만, 개탄스러운 사람들은 구제할 수 없는 지경이며 미국을 대표하지 않는다고 말했어요. 포퓰리스트처럼 사람들을 나누고, 언어로써 부

트럼프 지지자가 힐러리의 발언에 항의하며 '개탄스러운 사람들과 알트라이트가 연합했다'는 내용의 피켓을 들고 있는 모습. 알트라이트는 온라인 공간에서 증오와 적개심을 표출하는 단체로 악명이 높다. ©Fibonacci Blue 출처: 위키피디아

정적인 인상을 심은 것이지요.

훗날 클린턴이 유감을 표명했지만 이 문장은 이미 전 세계에 퍼진 후였습니다. 트럼프 지지자들은 '개탄스러운 사람들'을 모욕으로 받아들였고, 반항의 의미로 '개탄스러운 사람들'이라고 쓰인 티셔츠를 입기도 했어요.

❸ 가짜 뉴스에 속지 않기

"국민들이 비이성적으로 행동하고 자신의 이익에도 반하는 투표를 하는 이유는, 충분하지 않거나 잘못된 정보를 가지고 있기 때문이다." 의사소통 전문가 볼프강 슈바이거의 말입니다. 그의 관점에서 보면 사람들이 포퓰리스트에게 표를 주는 데는 그럴만한 이유가 있는 거죠.

나이와 빈부격차, 첫 투표이건 이미 여러 차례 투표를 한 베테랑이건 조건에 관계없이 모든 사람들은 정치적 사건에 올바른 정보를 가지고 있어야 합니다. 모두가 정확한 정보를 바탕으로 투표를 하고, 함께 결정해야 하기 때문이지요.

이제 정치판에서도 언론에서도 가짜 뉴스를 심각한 문제로 보고 있습니다. 가짜 뉴스의 정체를 밝히는 데 힘을 쏟고 있죠. 예컨대 독일 방송국 타게스샤우와 체데에프[ZDF]는 각각 '팩트 발견자 Faktenfinder'와, '체데에프체크17[ZDFcheck17]'이라는 코너를 만들어 가짜 뉴스에 대응하고 있습니다. 또 오스트리아의 미미카마[mimikama.at], 미국의 스놉스[snopes.com], 대한민국의 SNU팩트체크[factcheck.snu.ac.kr] 같은 웹사이트들이 잘못된 주장을 밝혀내며 가짜 뉴스에 맞서 싸우고 있어요.

독일에서는 '혹스맵HOAXmap'이라는 흥미로운 온라인 프로젝트가 있습니다. 일명 '범죄 지도'로, 망명 신청자들에 대한 범죄 소문이 올라오면 어떤 지역인지 지도에 표시해요. 그런 다음 경찰과 지방 당국의 공식적인 진술과 뉴스 보도를 통해 잘못된 정보에 대응하지요.

2017년 8월, 페이스북도 가짜 뉴스에 더 적극적으로 대응하겠다고 발표했습니다. 가짜 뉴스를 담고 있는 사이트는 더는 광고를 할 수 없게 한 거예요.

특히 테러와 폭동이 있은 후에는 그 원인과 과정에 대해 더 많은 거짓 소문이 퍼져요. 이럴 땐 경찰이 가짜 뉴스에 반박하는 데 도움을 줍니다. 경찰들이 그렇게 하는 이유는, 사람들이 잘못된 의심을 품으면 수사관의 일을 방해할 수 있기 때문이에요.

❹ 불안에 굴복하지 않기

미국인 70퍼센트의 가장 큰 불안은 테러예요. 독일 사람들도 테러에 대한 불안감이 높죠.

트럼프는 선거운동 중 테러에 대한 불안감을 부추겼습니다. 하지만 통계적으로 볼 때, 미국인이 외국 테러범의 공격에 희생당하는 것보다 음식을 먹다가 질식할 확률이 10배는 더 높아요. 실수로 오발하는 총기 사고의 확률은 5배나 높고요.

테러 공격은 정말 끔찍한 일입니다. 테러에 맞서 스스로를 보호하는 일은 아주 중요하지만 잊지 말아야 할 게 있어요. 일상생활에서 가장 큰 위험은 테러가 아니라는 거예요. 2001년 9월 11일 이후, 독일에서 이슬람교도의 공격에 목숨을 잃은 사람은 15명입니다. 그 외에도 많은 사람들이 장애를 입거나 큰 부상을 당했지요. 이런 범죄는 정말 끔찍하지만 통계상으로 보면 아주아주 적은 수의 사람들에게 일어난 일이에요. 이보다 살인이나 사고 등으로 죽는 사람이 훨씬 더 많잖아요.

테러가 무섭고 두려운 건 언제 일어날지 아무도 모른다는 생각 때문이에요. 만약 내가 그런 상황에 놓인다면 아무것도 하지 못한 채 꼼짝없이 당하고 말 거라는 상상이 두려움을 더 키우죠.

이건 비행에 대한 두려움과 비슷합니다. 사실은 오토바이 운전이 비행기 탑승보다 더 위험하지만, 많은 사람들이 오토바이에서는 스스로 상황을 통제할 수 있다고 생각해요. 하지만 비행기 안에서 우리 목숨은 조종사의 손에 달려 있어요. 비행 도중 어떤 일이 일어난다 해도 우리가 할 수 있는 건 거의 없을 테죠. 이 속수무책이라는 감정이 공포를 불러일으킵니다. 그래서 많은 사람들이 오토바이 운전에 대한 불안보다 비행기를 탈 때 더 많은 공포를 느끼는 거예요.

테러와의 전쟁은 사회 전체의 과제입니다. 수배와 체포와 판결을 위해 경찰과 사법부가 있어요. 국민을 보호하는 법률이 있고, 그 법을 제정하는 정치인들이 있죠. 정치인들이 마음에 들지 않는다면 일정한 주기로 새로 뽑을 수 있어요. 누군가가 나쁜 일을 계획하고 있거나 정신적 문제 등으로 위험한 행동을 할 때 세심하게 살피는 것이 사회의 안전을 위해 국민이 해야 할 일입니다.

불안은 그 어떤 경우에도 훌륭한 조언자가 못 돼요. "우리는 불안을 없애는 정치가 필요하다." 독일 언론인 헤리베르트 프란틀이 한 말입니다. 물론 이런 정치는 민주주의적인 태도를 전제로

해요. 배척하는 것이 아니라 소통하는 것에 중점을 두는 태도 말이에요. 민주주의는 이런 태도를 기반으로 해야만 제대로 작동할 수 있습니다.

도대체 포퓰리즘이 뭐야?

포퓰리즘에서 이득을 얻을 수 있을까?

◆

과거의 자신을 부끄러워하지 않는 사람은 거기서 아마 별로 배우지 못했을 것이다.

알랭 드 보통, 영국 작가

이 책에서 몇몇 정치인을 두고 '포퓰리스트'라고 말한 것은 어떤 정치적인 전략을 가지고 있느냐에 따른 거예요. 독일을 위한 대안이나 오스트리아 자유당을 포퓰리즘 정당이라 거듭 이야기하긴 했지만, 이 정당에 있는 모든 정치인이 늘 포퓰리스트인 것은 아닙니다. 태어날 때부터 포퓰리스트인 사람은 아무도 없어요. 이건 정치인뿐만 아니라 그들에게 투표하는 사람들에게도 해당되는 사실이에요.

포퓰리스트가 특별히 사악한 사람인 것도 아니에요. 우리 모두가 포퓰리스트일 수 있어요. 누구나 '저 위에 있는 사람들'을 욕할 때가 있잖아요? 부패와 탈세 등 복잡한 뉴스를 접할 때면 그냥 단순화하고 일반화하는 게 편할 때도 있고요.

포퓰리즘이 활개를 치는 것은 우리도 거기에 얽혀 있기 때문입니다. 한 사람만 보고 그가 속한 무리로 묶어 평가하는 일은 아주 쉬워요. 단 한 명의 이슬람교도 난민을 보고 마치 이슬람교 전체를 대표하는 사람으로 판단하거나, 미국 남부에 사는 사람을 몽땅 트럼프 지지자로 생각해 버리는 것처럼요. 우리 입맛에 맞는 하나의 특성을 잡아내 그 사람이 어떤 사람일 거라고 금세 추측하곤 하잖아요.

언론인 알란 포제너는 포퓰리스트들이 자신의 추종자들에게 주는 것은 제멋대로 행동하는 것, 저급한 본능에 자신을 맡겨 버리는 것이라고 했습니다. 그렇게 행동하기는 편하고 그 반대는 어려워요. 포제너는 "편견과 증오에 빠지지 않고 분노의 악령에 항복하지 않으려면 지속적으로 사고해야 한다."라는 글을 쓰기도 했습니다. 때로는 지칠지라도 포퓰리즘에 속지 않는 것은 매우 가치 있는 일이에요.

전 세계적으로 유명한 포퓰리즘 연구자 가운데 한 사람인 네덜란드의 카스 무데는 다음과 같이 말했습니다. "포퓰리스트들은 옳은 질문을 던질 때가 많지만 잘못된 대답을 내놓는다."라고요.

'노년의 빈곤을 줄이려면 어떻게 해야 하지? 세금으로 부채를 갚아야 하나, 아니면 도로를 보수해야 하나? 언론은 시리아 전쟁과 우크라이나 전쟁에 대해 전문적으로 보도하고 있는 건가?'와 같은 질문에 대답을 찾으려 노력해야 합니다. 가장 간단한 것이 가장 좋은 것인 경우는 드물어요. 단순하게 "예." 혹은 "아니오."라고만 대답하는 것으로는 충분하지 않습니다. 차이나 다양성만 확인하는 것만으로는 부족해요. 민주주의는 곧 토론입니다.

마지막으로 독일 니더작센주에 있는 잘츠기터를 살펴볼게요. 2017년 이 도시는 무척 갈등이 심했습니다. 주민 약 10만 명인 이 도시는 지난 몇 년간 5천 명이 넘는 난민을 수용했어요. 비어 있는 아파트도 있고 어린이집의 자리도 충분했지만, 기독교민주연합 소속의 시장은 이 도시가 과연 난민들을 모두 통합할 수 있을지 걱정했습니다. 사회민주당의 사회 분야 전문가 역시 이렇게 많은 난민을 한꺼번에 똑같이 보살피기는 힘들다고 말했죠.

'더 많은 난민이 도시에 들어와도 잘 통합될 수 있을까?' 이 논쟁은 몇 개월이나 지속됐습니다. 언론이 보도하고 여러 전문가들이 의견을 내며 논의가 이루어졌지요. 니더작센주의 총리는 결국 잘츠기터 시장의 요구에 따르기로 했어요. 난민 지위를 인정받은 사람은 잘츠기터로 들어올 수 없다는 내용이었지요. 그러자 녹색당과 난민 상담소는 이 규정이 난민에게 적대적이며 제네바 협정에도 위반된다고 비판했어요. 하지만 기독교민주연합은 이 규정을 전국적으로 확대하려고 했지요.

우리는 어떤 견해에 동의할 수도, 동의하지 않을 수도 있습니다. 위의 사례를 자세히 보세요. 자신의 견해와 다르다고 해서 상대를 무분별하게 비난하거나, 다른 정치인을 '국민의 배신자'라고 부르는 사람은 없었어요. 경쟁하는 정당들은 그저 열심히 노력해서 타협을 이루었어요. 이 타협에 어떤 사람들은 화를 냈고 또 어떤 사람들은 안도의 한숨을 내쉬었으며, 또 어떤 사람들은 무관심했지요. 민주주의는 이렇게 작동합니다.

오늘날 포퓰리즘의 유일한 장점은 사람들로 하여금 민주주의의 미덕에 대해 생각하게 한다는 거예요. 비단 정치뿐 아니라 집안이나 교실, 직장 등 일상생활에서도 적용될 수 있는 민주주의의 미덕에 대해 생각해 봅시다.

도대체 포퓰리즘이 뭐야?

포퓰리즘의 유일한 장점은
민주주의의 미덕에 대해 생각하게 한다는 것!

다음은 포퓰리스트에게 넘어가지 않기 위해 우리가 생각해 봐야 할 것들이에요.

- 저항할 용기를 내세요.
- 다른 사람이 하는 말의 진위를 확인하세요. 더 나이 든 사람, 더 현명한 사람, 더 권위 있는 사람, 또는 책의 저자들이 하는 말이라도요.
- 사람보다는 사실을 믿으세요.
- 세상은 단순하지 않으니 모순도 인정하세요.
- 여러 통로에서 정보를 얻으세요.
- 여러분이 오랫동안 믿었던 일들이 옳지 않을 수도 있음을 인정하세요.
- 여러분의 세계관과 다른 글도 읽으세요.
- 자기 말만 믿어야 한다는 사람들을 믿지 마세요.
- 반대만 하지 말고, 찬성도 하세요.
- 시위할 때 좌우에 누가 있는지, 그 사람이 어떤 견해를 가지고 있는지 살피세요.
- 국제기구들이 여러분의 국가에 대해 어떻게 생각하고, 말하

고 있는지 정보를 얻으세요.

- 사람을 무리의 일원이 아닌 개인으로 인식하세요.

- 사람들은 좋은 의도를 가지고도 잘못 행동할 수 있다는 점을 염두에 두세요.

- 다른 사람들이 모욕을 할 때야말로 언어를 차분하게 유지해야 할 때예요.

- 스스로 판단하세요.

- 여러분 자신의 판단에도 늘 다시 의문을 가지세요.

- 언제든 태도를 바꿀 준비를 하세요.

- 상대방이 옳을 수 있다는 것을 언제나 명심하세요.

이 중 몇 가지만 마음에 새겨도 포퓰리스트들을 견제할 수 있을 거예요.

해제
우리 사회의 포퓰리즘

서의동

《경향신문》논설위원이다. 오랫동안 신문기자로 일하며 일본에서 특파원으로 근무했고, 북한을 취재했다. 가장 가까운 이웃인 북한과 일본을 잘 알면 우리 스스로를 더 잘 이해할 수 있다고 생각한다. 함께 쓴 책으로는 『다음 세대를 위한 통일 안내서』 등이 있고, 옮긴 책으로는 『헤이세이 일본의 잃어버린 30년』 등이 있다.

"대형마트 휴일 휴무제는 좌파 포퓰리즘 정책의 상징적 사건이었다."-홍준표 대구시장(손성락, 「홍준표 "대형마트 휴일휴무제는 좌파 포퓰리즘 정책의 상징적 사건"」, 《서울경제》(2023년 1월 16일.))

"정부·여당이 민생보다는 내부 결집용 안보 포퓰리즘에 집착하는 것 같아 참으로 안타깝다."-이재명 더불어민주당 대표(탁지영, 「이재명 "여권의 안보 포퓰리즘 안타까워"」, 《경향신문》(2022년 10월 14일.))

도대체 포퓰리즘이 뭐야?

"국민의 부담과 나라의 재정은 생각하지 않고 당장의 인기에 영합하는 것, 이것이 바로 나쁜 정치이고 포퓰리즘"-안철수 국민의힘 의원(김민석, 「"女 군사교육" "화학적 거세법"…불붙는 與 당권주자 메시지 경쟁」,《데일리안》(2022년 10월 19일.))

이 책의 주제인 '포퓰리즘'을 뉴스 사이트 검색창에 입력하면 이 낱말이 들어간 기사들이 줄줄이 뜹니다. 정치인의 말은 물론 학자나 전문가들의 칼럼에도 포퓰리즘이란 단어가 심심치 않게 등장하지요. 글들을 읽어 보면 포퓰리즘이 어떤 경우에 쓰이는지 대략 감이 올 거예요. 자기 편이 아닌 정당이나 정부의 행위나 정책을 비판할 때 주로 쓰이는 단어가 바로 포퓰리즘입니다.

좀 더 들어가 보면, 권력을 가진 쪽을 비판하는 경우에 많이 쓰이고 있음을 알 수 있어요. 현 정부나 여당이 지금 추진하고 있거나 추진하려는 정책, 전 정부가 추진했던 정책이 대상이 되지요. 정책 추진에 드는 비용이나 부작용이 감당하기 어려울 때, 현실성이 없는 정책을 추진할 때에도 '포퓰리즘'이라는 공격을 받습니다.

때때로 '포퓰리즘' 앞에 '○○'이라는 단어가 함께 붙고는 해요. 예컨대 보수 정당이 추진하는 정책을 비난할 때는 '우파 포퓰리즘', 반대로 진보 계열 정당이 추진하는 정책을 비난할 때는 '좌파 포퓰리즘', 과도하게 안보를 강조하는 정책에는 '안보 포퓰리즘'과 같은 식으로 쓰이지요. 그러다가 가끔은 생각지도 못한 낱말이 들어가기도 하고요.

「1년 만에 돌아온 李 추경 움직임에 "명절 포퓰리즘" 비판」. 동아일보에 2023년 1월 17일에 실린 기사 제목입니다. 눈이 번쩍

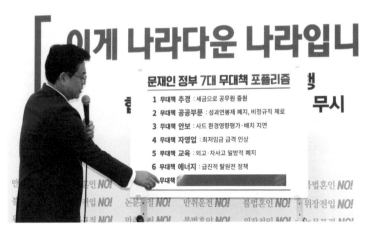

2017년 당시 정우택 자유한국당(현재 국민의힘) 원내대표는 비상대책위원회 회의에서 문재인 정부의 주요 경제정책 7가지를 '7대 무대책 포퓰리즘'이라고 정리하여 비판했다. 추가경정예산, 성과연봉제 폐지, 최저임금 인상, 탈원전 등이 주요 비판 대상이었다. ⓒ연합뉴스

　　　　　도대체 포퓰리즘이 뭐야?

뜨이지 않나요. '명절 포퓰리즘'이라뇨?

야당인 더불어민주당 이재명 대표가 민생 경제가 어려울 것이니 25~30조의 추가경정예산안을 편성해야 하고, 이를 여야 정치권이 협의하자고 제안한 것인데요. 이를 두고 여당인 국민의힘은 재원 마련 대책도 없이 일단 던져 놓고 보는 '국민 눈속임 포퓰리즘'이라고 비판한 것입니다.

그런데 정작 기사 본문에는 '명절 포퓰리즘'이란 말은 없습니다. 신문사 편집자가 기사 내용의 취지를 전달하기 위해 붙인 제목으로 보이는데요. 정치인뿐 아니라 언론도 '○○ 포퓰리즘' 생산에 기여하고 있는 셈입니다. 이쯤 되면 포퓰리즘이란 말이 '고상한 욕설'처럼 남용된다는 느낌을 지우기 어려워요. 욕설의 범람이 정치 불신과 혐오를 키우는 것은 두말할 필요도 없겠죠.

이 책은 주로 유럽과 미국의 포퓰리즘을 소개하고 있어요. 정치권의 공방이 난무하는 한국 현실에 절망하는 이들도 꽤 있지만, 민주주의가 도입된 지 오래된 유럽과 미국도 실은 한국 못지않다는 점을 확인할 수 있지요.

2016년 영국이 국민투표를 통해 유럽연합에서 탈퇴하는 결정

2021년 1월 6일, 트럼프의 극우 지지자들이 미국 국회의사당에 난입하는 모습. 미국 하원은 2020년 대선 결과에 불복해 지지자들을 선동한 트럼프에게 이번 사건의 책임을 물으며 형사처벌을 권고했다. ⓒ연합뉴스

을 내렸고, 이듬해 미국에서는 포퓰리스트인 도널드 트럼프가 대통령이 되어 강대국을 통치했습니다. 오늘날 독일을 비롯한 많은 유럽 국가에서 극우 정당들이 외국인들을 혐오하고 배척하고 있고요. 심지어 2020년 11월 미국 대통령 재선에서 패배한 트럼프가 극우 세력들을 선동해, 이듬해 1월 국회의사당을 점령하는 사태까지 벌어졌지요.

미국과 유럽의 우파 포퓰리즘은 시리아 내전 등으로 외국인과 난민이 증가하면서 외국인들이 내국인의 복지를 빼앗아 갈 수 있다며 불안감을 조장하고 있습니다. 20세기 번영을 누리던 유럽 국가들이 경제적으로 조금씩 쇠퇴하고 두터웠던 복지 시스템이 축소되면서, 사람들이 불안감을 느끼던 참이었기 때문에 이들의 주장에 적지 않은 이들이 솔깃해요. 하지만 이 책에서 강조하듯 극우 정당들은 극단적인 언사나 가짜 뉴스까지 동원해 사람들의 불안감을 조장하고 편 가르기를 시도하고 있습니다. 유럽 민주주의가 쌓아 올린 가치가 크게 훼손되고 있죠.

애초 포퓰리즘이 태동한 곳은 유럽과 미국이지만 포퓰리즘에 대한 개념을 명확히 하려면 다른 나라와 비교해 보는 것이 중요합니다. 책에서 소개된 다른 나라의 사례를 염두에 두고 우리 사회의 포퓰리즘을 알아보면 이해가 빠를 거예요.

한국의 포퓰리즘 논쟁

책에서 상세히 소개하고 있지만 포퓰리즘이 과연 무슨 뜻인지를 다시 한번 살펴볼게요. 포퓰리즘 자체는 민중을 지향하는 가치나 정책을 추구하는 태도를 가리키기 때문에 그 자체에 부정적 의미가 담겨 있지는 않습니다. 권력을 가진 통치자가 독단적으로 지배하는 '독재'에 상반되는 개념이기도 해요. 또 한 가지 유념해야 할 것은 포퓰리즘은 민주주의가 제도화된 국가에서 나타나는 현상이라는 점이에요. 포퓰리즘이 말하는 '민중에 대한 헌신'이나 대의민주주의가 추구하는 '유권자 다수를 위한 정치'라는 것은 실상 크게 다르지 않습니다. 포퓰리즘과 민주주의를 구분하기 쉽지 않다는 뜻이죠.

한국에서는 10여 년 전 포퓰리즘 논란이 뜨겁게 전개되었습니다. 2011년 전개된 '무상급식 논쟁'이 그것인데요, '모든 학생

무상급식 논란 당시, 오세훈 서울시장은 주민 투표율이 33.3퍼센트를 넘지 못할 경우 사퇴하겠다는 의사를 밝히며 투표를 독려했다. 하지만 선거 결과 25.7퍼센트의 투표율을 기록함으로써 선거 무산의 책임을 안고 시장직에서 물러났다. ⓒ연합뉴스

　도대체 포퓰리즘이 뭐야?

들의 점심 급식을 국가가 제공하는 것이 타당한가?' 하는 문제를 둘러싼 찬반 논쟁이었습니다. 지금은 무상급식이 상식이 되었지만 당시에는 반대도 만만치 않았어요. 민주당(현재 더불어민주당)이 다수였던 서울시 의회가 무상급식 조례를 통과시키자 서울시장이 공포를 거부하면서 소송전으로 번졌지요. 당시 진보 진영은 무상급식을 지지했고, 보수 진영은 '복지 포퓰리즘'이라고 비판했습니다. 격렬한 논쟁 끝에 마침내 8월 24일 무상급식 정책에 대한 주민투표가 실시되었어요. 투표율이 3분의 1을 넘어야 유효하다는 규정이 있었는데, 그에 못 미치는 25.7퍼센트의 투표율로 결국 투표함을 열어 보지도 못한 채 끝나고 말았죠.

이 과정은 영국의 유럽연합 탈퇴 국민투표를 연상케 합니다. 무상급식 조례는 주민들이 선출한 시의회 의원들이 의회라는 공식 기구에서 결정한 사안이에요. 제도로 정한 절차에 따라 만들어진 조례를 뒤집기 위해 주민투표를 동원한 것이 포퓰리즘 아니냐는 비판도 있었지요. '무상급식 논쟁'은 서울시장 사퇴로 치달으면서 포퓰리즘이라는 단어가 한국 사회에 뚜렷하게 자리잡은 계기가 되었습니다.

그런데 한국에서 포퓰리즘 논쟁이 시작된 것은 2000년대 초반 김대중 정부로 거슬러 올라갑니다. 당시 김대중 대통령의 당선으로 한국 정치 사상 처음으로 여야 간 권력 교체가 이뤄졌어요. 새로 권력을 잡은 정부가 진보적 정책을 취하면서 위협을 느낀 기성 엘리트, 기득권층은 김대중 정부의 정책을 '포퓰리즘'이라고 공격하기 시작했습니다. 실제로 '포퓰리즘'이란 말이 신문에서 사용된 빈도수를 조사한 연구를 보면 10개 종합 일간지에서 '포퓰리즘'이란 말이 등장한 것이 1990~1997년에는 17건에 그쳤는데, 김대중 정부 기간인 1998~2002년에는 432건으로 급증했어요. 보수 엘리트층에겐 포퓰리즘으로 비쳤을지 모르지만 김대중 정부의 정책은 빈약한 사회복지를 늘리고 여성, 장애인 등의 권리를 신장하는 등 민주주의 확대에 기여하는 것들이 많았습니다.

한국은 1960년대 이후 급속한 경제성장을 이루었지만, 성장의 과실이 골고루 분배되던 사회는 아니었어요. 국민으로부터 거둬들인 세금이 사회적 약자들의 어려움을 덜어 주는 데 쓰이는 대신 주로 기업과 부유층을 위해 쓰여 온 것을 김대중 정부가 바로잡으려 했던 것이죠. 이를 달갑지 않게 여긴 기득권층이 '포퓰리즘' 딱지를 붙이며 공격에 나선 거예요.

이런 점에서 본다면 한국의 '포퓰리즘'은 유럽이나 미국과는 역사적 맥락이 조금 다르다고 할 수 있어요. 한국은 1960년대부터 쿠데타로 권력을 쥔 군인들이 지배하는 군사독재가 수십 년간 지속되어 왔어요. 1987년 헌법이 개정되기 전까지는 국민이 대통령을 투표로 뽑을 수도 없었고요. 앞에서 포퓰리즘은 민주주의가 제도화된 국가에서 나타나는 현상이라고 했죠? 즉 한국은 수십 년간 민주주의가 유명무실한 상태였던 만큼 '포퓰리즘'도 나타날 수 없었던 거예요.

김대중 정부에 이어 노무현 정부로 접어들면서 포퓰리즘 논쟁은 한층 격해집니다. 노무현 대통령이 인터넷을 매개로 한 시민들의 정치 참여에 크게 도움을 받았기 때문이기도 해요. 노 대통령은 '노사모(노무현을 사랑하는 사람들의 모임)'로 불리는 지지층의 활약으로 선거를 유리하게 치를 수 있었어요. 그런데 이런 정치 참여를 보수층은 '절제되지 않은 저급한 참여민주주의'이자 포퓰리즘 정치라고 비판했어요. 심지어는 '공산주의로 가는 길목'이라고 비판하기도 했지요. 남북이 분단된 현실에서 오랜 기간 위력을 발휘했던 '반공 이데올로기'를 동원해 참여민주주의를 비판했던 거예요.

하지만 인터넷을 중심으로 한 참여민주주의의 확대를 포퓰리즘으로 공격하는 것은 정보화 사회의 정치 환경 변화에 지나치게 소극적인 태도라고 할 수 있어요. 또 변화의 시도가 기성 질서에 대한 도전이기도 하다는 점에서 본다면 이를 정치개혁으로 봐야 할지, 포퓰리즘으로 봐야 할지도 가늠하기 쉽지 않고요.

이미 유럽을 비롯한 대부분의 나라에서 인터넷이나 소셜미디어는 참여민주주의의 중요한 도구로 자리잡고 있습니다. 이 책에서 여러 차례 말하듯, 인터넷과 소셜미디어는 가짜 뉴스를 퍼뜨려 대중을 조작하고 정치적 분열을 일으키기도 합니다. 하지만 해킹이 걱정된다고 해서 인터넷 뱅킹을 없앨 수 있나요? 부작용과 부족한 점을 보완하려는 노력을 해 나가야겠지요.

한국에서 '포퓰리즘' 논란의 주된 대상은 복지정책입니다. 기득권층은 복지 확대 정책을 '정치적 지지나 인기 확보를 위해 국가의 장기적 이익을 저버린' 무책임한 행위이자 '대중적 이익을 위해 국가경제에 부담을 주는' 복지 포퓰리즘이라고 비판해요. 문재인 정부 때 국민건강보험의 보장 범위를 확대한 '문재인 케어' 정책을 두고 '국민 혈세를 낭비하는 인기 영합적 포퓰리즘 정

대한민국 국회 국민동의청원 홈페이지의 모습. 전자적으로 청원을 등록하고 다른 사람의 동의를 받아 국회에 제출하는 방식이다. 정보화 사회에서는 인터넷을 이용해 행정기관, 국회의원, 대통령 등에게 자신의 의견을 전달하고, 국민들끼리 의견을 주고받을 수 있다.

책'이라고 하는 비판이 대표적이지요.

하지만 깊이 생각해 봐야 할 것이 있어요. 한국은 경제 규모는 세계 10위권의 선진국이지만 사회복지에 대한 지출은 상대적으로 낮은 편입니다. '선진국 클럽'으로 불리는 경제협력개발기구의 보고서에 따르면, 한국의 공공 사회복지 지출액(2019년)은 국내총생산의 12.3%였습니다. 경제협력개발기구 회원국 38개국 평균은 국내총생산의 20.1%였고, 한국의 사회복지 지출액은 38개국 중 36위에 그쳤어요. 한국은 경제 수준에 비해 여전히 사회복지가 빈약한 수준이라는 뜻이죠.

각종 여론조사에서 확인되는 한국 사회의 주요 과제는 '사회경제적 격차 해소'입니다. 이런 점을 감안하면 복지 확대를 포퓰리즘으로 싸잡아 비판하는 것은 적절하지 않아 보여요. 무분별한 복지 팽창은 경계해야 하겠지만 한국은 여전히 그 정도까지는 도달하지 못했다는 점을 염두에 두면서 '복지 포퓰리즘' 논란을 살펴야 할 것입니다.

'한국 포퓰리즘'의 미래

한국의 포퓰리즘 논란을 살펴보면, 주로 보수 진영이 진보 정부와 정치세력을 비판하는 의미로 '포퓰리즘'이라는 말을 사용한다는 걸 알 수 있어요.

그런데 정작 선거철이 되면 보수 정당들도 그들이 비판해 온 포퓰리즘에 기우는 일이 적지 않습니다. 유권자들의 표를 끌어모으기 위해 앞뒤 재보지도 않고 무책임한 선심 공약을 퍼붓는 현상이 심심치 않게 벌어지죠. 한 표가 아쉬운 정치인들로서는 이런 유혹에 휩쓸릴 가능성이 큽니다.

이런 폐단을 줄이려면 선거운동 과정에서 정당이나 후보자가 내세운 정책 공약을 제대로 검증해야 해요. 정책 대안이 실현 가능한 것인지, 재원 마련 대책은 있는 것인지를 꼼꼼하게 따져 봐야 하는 것이죠. 경제정의실천시민연합 같은 시민단체들이 예전엔 국회의원 선거에 출마한 후보들을 검증하고 문제가 많은 이들을 골라 '낙선 운동'을 벌이기도 했고, 지금도 대통령 후보의 선거공약을 분야별로 분석해 타당성이나 실현 가능성을 검증해 오고 있어요. 또 언론도 선거기간에 후보들의 공약을 검증하는 연속보도를 하고 있고요. 조금만 관심과 노력을 기울이면 어떤 후보의 공약이 어떤 문제가 있는지 판단하기는 어렵지 않습니다.

또 한 가지는 정당이나 정치인이 정책 결과에 대한 책임을 지도록 하는 것입니다. 내놓은 정책이 나라에 큰 피해를 주었다면 그에 상응하는 벌을 받도록 하는 거예요. 정치인에게 가장 큰 벌은 낙선시켜 권력을 빼앗는 것이겠죠. 그러나 한국의 대통령제는 5년 단임제로 한번 당선되고 나면 그만이어서 책임을 묻기가 힘든 구조입니다. 물론 임기 중 저지른 범죄에 대해 탄핵을 한 일도 있었으니 책임 묻기가 불가능하지는 않지만, 그래도 쉽지는 않아요. 정치의 책임성을 강화하는 방향으로 권력 구조를 개편할 필요가 있습니다.

정당도 지역 기반이 아니라 정책경쟁을 할 수 있도록 바꾸는 것이 바람직해요. 지역주의가 강한 곳에서는 특정 정당 소속 정치인이라면 선거운동도 안 하고 당선되는 일이 여전히 있습니다. 이래서는 정치인들이 유권자를 위한 정책 개발보다는 공천을 받기 위해 중앙당의 눈치만 살피는 데 골몰하게 돼요. 선거제도를 바꾸고 비례대표를 늘려 정책경쟁을 할 수 있도록 해야 합니다.

포퓰리즘과 관련해 또 한 가지 주목할 만한 것은 이른바 팬덤 정치라고 불리는 현상이에요. 케이팝 스타인 BTS가 팬클럽 '아미'의 절대적인 지지를 받고 있는 것처럼 특정 정치인에 열성적인 지지자들이 몰리곤 해요. 노무현 전 대통령의 '노사모'나 박근혜 전 대통령의 '박사모' 같은 지지층 모임이 있는 것 자체는 자연스러운 현상이에요. 하지만 안타깝게도 이들이 다른 정치인이나 생각이 다른 사람들을 공격하는 경우가 적지 않습니다.

팬덤 정치는 소셜미디어 발달로 믿고 싶은 것만을 보는 확증편향이 심해지고, 이로 인해 정치에서 갈등과 분열이 심화되는 현상과 맥을 같이 하고 있습니다. 카카오톡, 페이스북, 유튜브 같

태극기를 앞세우고 시위를 하는 시민들의 모습. ⓒ연합뉴스

은 소셜미디어들이 가짜 뉴스의 온상이 되면서 정치 갈등이 격화되는 측면도 있어요. 이런 환경 속에서 팬덤 정치가 공격성과 배타성을 강화해 온 것이죠. 더불어민주당 정치인들을 둘러싼 팬덤은 소셜미디어를 기반으로, '태극기 부대'라 불리는 보수 우파들은 거리에서 배타성과 공격성을 강화하고 있습니다.

팬덤 정치 자체는 불가피한 현상이기도 할뿐더러 인위적으로 근절할 수도 없어요. 팬덤 정치가 정치발전에 긍정적인 영향을 주는 쪽으로 나아가려면 정치인과 지지자가 함께 노력해야 해요. 무분별한 추종은 정치발전을 저해하고 국민들의 반감만 키우게 될 테니까요. 먼저, 팬덤의 대상이 되는 정치인은 지지자들에게 선을 넘는 행동을 자제하도록 하면서 충분히 소통해야 합니다. 지지자들은 공격성과 배타성을 버리고 팬덤 정치가 건전하게 발전해 나갈 수 있도록 노력해야 하고요. 무엇보다도 포퓰리즘에 휘둘리지 않으려는 자세가 중요할 테지요.

포퓰리즘에 대처하려면

포퓰리즘은 세상을 '우리'와 '그들'로 나누고, 불안을 부추긴다는 특징이 있습니다. '그들'은 제거 대상이므로 어떠한 공격도 상관없다는 식의 태도를 보이곤 해요. 자연히 말도 거칠어질 수밖에 없죠.

포퓰리스트들을 구분하는 첫째 항목은 거친 말과 행동입니다. 말이 거칠거나 상대방의 말꼬리를 잡아서는 토론이 이루어질 수 없어요. 민주주의는 다름을 인정한 바탕에서 문제를 해결하는 과정임을 감안하면 포퓰리스트들은 민주주의를 파괴한다고 할 수 있습니다.

두 번째는 주장이 설득력이 있는가 하는 점입니다. 복잡하고 이해하기 힘든 정책 논쟁에서 어떤 것이 합리적인가를 판단하기란 쉽지 않은 일이에요. 사실을 피상적으로만 전달하는 뉴스에만 의존하는 것은 바람직하지 않아요. 많은 뉴스들이 주장에 따옴표만 쳐서 옮기는 경우가 많기 때문이죠.

하지만 사안의 맥락과 본질을 심층적으로 분석하는 기사들도 꽤 있는 만큼 신문을 정독하는 것이 중요해요. 언론 매체를 제대로 이해하고 해석하는 능력, 즉 미디어 리터러시Media literacy를 키울 필요가 있어요. 인터넷에서 보고 싶은 기사만 찾아볼 게 아니라 매일 신문을 읽으며 세상의 다양한 문제들에 골고루 관심을 갖는 게 좋아요. 언뜻 무관해 보이는 일들이 실은 긴밀히 이어져 있는 경우가 많으니까요. 세상을 깊게 읽는 힘을 기른다면 포퓰리즘을 구별해 내는 것이 그리 어렵지는 않을 거예요.

▎참고 자료

단행본

• 미즈시마 지로, 이종국 옮김, 『포퓰리즘이란 무엇인가』(연암서가, 2019).

• 제바스티안 하프너, 안인희 옮김, 『히틀러에 붙이는 주석』(돌베개, 2014).

• 채사장, 『지적 대화를 위한 넓고 얕은 지식 1』(웨일북, 2020).

• 콘덱스정보연구소 엮음, 이은정 옮김, 『정치 이야기, 뭔데 이렇게 재밌어?』(리듬문고, 2020).

• 황정숙, 송현정, 옹진환, 이상인, 『사회를 달리는 십대: 사회·문화』(우리학교, 2021).

학술지 및 논문

• 구춘권, 「이주의 증가와 독일 이주민 정책의 변화」, 『국제지역연구』 제21권 제1호(서울대학교 국제학연구소, 2012).

• 금민, 「포데모스, 좌파 포퓰리즘의 가능성과 한계」, 『마르크스주의 연구』 제12권 제4호(경상대학교 사회과학연구원, 2015).

• 김상엽, 「로마 공화정 말기와 제정 초기 곡물배급과 정치적 소통의 관계」, 『서양고대사연구』 제35권(한국서양고대역사문화학회, 2013).

• 김은중, 「라틴아메리카 포퓰리즘에 대한 정치철학적 재해석」, 『이베로아메리카연구』 제

23권 제2호(서울대학교 라틴아메리카연구소, 2012).

• 박근영, 「우익 포퓰리즘의 전 세계적 확산」, 『민주주의 이슈와 전망』 제4권(민주화운동기념사업회, 2016).

• 박정원, 「유고슬라비아 사회주의연방의 폭력적 붕괴에 대한 분리통합론적 접근」, 『세계지역연구논총』 제36권 제3호(한국세계지역학회, 2018).

• 백영민, 「커뮤니케이션 관점으로 본 포퓰리즘의 등장과 대의민주주의 위기」, 『커뮤니케이션 이론』 제12권 제4호(한국언론학회, 2016).

• 서병훈, 「포퓰리즘과 민주주의」, 『이베로아메리카연구』 제23권 제2호(서울대학교 라틴아메리카연구소, 2012).

• 유정환, 「서유럽의 포퓰리즘 정당과 유럽통합」, 『유럽연구』 제26권 제1호(한국유럽학회, 2008).

• 이원경, 「유럽통합에 있어서 지역정체성 문제」, 『역사문화연구』 제38권(한국외국어대학교 역사문화연구소, 2011).

• 장준호, 「독일의 직접민주주의」, 『선거연구』 제1권 제7호(중앙선거관리위원회, 2016).

• 조기숙, 「2016 미국 대선에 나타난 포퓰리즘 연구」, 『한국정치연구』 제26권 제1호(서울대학교 한국정치연구소, 2017).

• Holm-Detlev Kohler, 「스페인의 사회운동적 노동조합주의?」, 『국제노동브리프』 제18권 제4호(한국노동연구원, 2020).

보고서

• 김종갑, 「2017년 독일 총선 결과와 향후 전망」, 『현안보고서』, 제312호(국회입법조사처, 2017).

• 이정진, 심성은, 「2021년 독일 총선 결과 분석」, 『이슈와 논점』 제1881호(국회입법조사처, 2021).

- 정해성, 「중산층 복원을 위한 휴먼 뉴딜법제 연구」(법제처, 2013).
- 정형곤, 『독일통일 30년』(대외경제정책연구원, 2020).

기사

- 「트럼프, "시민이 주권 찾는 역사적인 날"(美 45대 대통령 취임 연설 전문)」, 《YTN》 (2017년 1월 21일).
- 권혁창, 「〈포퓰리즘 바로 보자〉 ①오·남용 너무 심하다」, 《연합뉴스》(2011년 7월 11일).
- 김나은, 「〈글로벌 리더〉 佛대선주자 마린 르펜, 트럼프보다 더한 극우 포퓰리스트」, 《이투데이》(2017년 3월 2일).
- 김민아, 「오스트리아 극우 정치인 하이더 교통사고로 사망」, 《경향신문》(2008년 10월 12일).
- 김병수, 「(네덜란드 총선) '태풍의 눈' PVV의 당원은 빌더르스 1인뿐」, 《연합뉴스》 (2017년 3월 15일).
- 김은주, 「(김은주의 시선) 여성 참정권이 걸어온 길」, 《연합뉴스》(2017년 9월 14일).
- 김정우, 「좌익과 우익의 의미, 정확히 알기 (TV지식용어)」, 《시선뉴스》(2015년 5월 9일).
- 김진호, 「결이 다른 포퓰리즘 '오성운동' 상승세…이탈리아 총선 '유럽 포퓰리즘' 풍향계」, 《경향신문》(2018년 3월 2일).
- 라드와 아쿼라프 기자, 최정아 번역, 「전기적 루머 범위는 '흑스맵', 유럽 오래전부터」, 《아시아엔》(2016년 2월 17일).
- 문재연, 「(세계는, 왜?) 트럼프가 몰고 온 포퓰리즘의 정체…'엘리트' vs '중산층'의 대결」, 《헤럴드경제》(2016년 4월 21일).
- 박상용, 「시리자 "긴축정책 반대"…국제 금융시장 긴장」, 《KBS NEWS》(2015년 1월 26일).

- 박상주, 「스페인 급진 좌파 이글레시아스, 제3당 '포데모스' 대표 선거 압승」, 《뉴시스》 (2017년 2월 13일).

- 박소영, 「난민 옹호 독일 시장 후보, 네오나치 남성에게 칼 맞아」, 《한국일보》(2015년 10월 18일).

- 배진영, 「"極右 포퓰리즘 정당, 反이민 주장하지만, 나치와는 달라"」, 《월간조선》(2019년 8월).

- 성한용, 「개딸·양아들 탓에 졌다? 정치 팬덤은 죄가 없다」, 《한겨레》(2022년 6월 19일).

- 신동엽, 「[경제와 세상] 브렉시트가 인간관계에 주는 교훈」, 《영남일보》(2016년 7월 1일).

- 안소영, 「[세계의 포퓰리스트] ①이탈리아의 트럼프, 코미디언 출신 '베페 그릴로' 오성운동 대표」, 《조선일보》(2016년 12월 13일).

- ─, 「[세계의 포퓰리스트] ③인종차별로 살해 위협까지⋯네덜란드 '헤이르트 빌더스' 자유당 대표」, 《조선일보》(2016년 12월 15일).

- ─, 「[세계의 포퓰리스트] ⑦"약자 편에 서는 게 익숙"...스페인 '파블로 이글레시아스' 포데모스 대표」, 《조선일보》(2016년 12월 21일).

- 염광희, 「극우주의 세력에 전전긍긍하는 독일」, 《시사IN》(2016년 8월 19일).

- 오윤희, 「르펜도 프랑스 우선주의⋯ "EU 탈퇴하고 이민 80% 줄이겠다"」, 《조선일보》 (2017년 2월 7일).

- 이광빈, 「독일서 '넌 나치야' 비판은 유죄?⋯'표현의 자유' 넘나들기」, 《연합뉴스》(2008년 1월 28일).

- 이승우, 「[팩트체크] 독일·스웨덴·노르웨이·덴마크 국회의원은 무보수?」, 《뉴스톱》 (2021년 5월 18일).

- 이지연, 「2021년 독일 총선 동향과 전망」, 《데일리경제》(2021년 4월 12일).

- 임경구, 「"하일 트럼프!"⋯'알트라이트' 대체 뭐기에?」, 《프레시안》(2016년 11월 23일).

- 전성훈, 「이탈리아 주세페 콘테 전 총리, 의회 최대 정당 당수로 선출」, 《연합뉴스》

(2021년 8월 7일).

- 정대연, 「(3부 ④우리가 외치면 공약이 된다) '나이보다 능력' 40만 당원 이끄는 청년들 '새 정치' 희망 쏘다」, 《경향신문》(2016년 3월 14일).

- 조원희, 「한국 투표 열기 미국보다 뜨겁다…OECD 32개국 투표율 비교」, 《중앙일보》 (2018년 5월 23일).

- 조일준, 「그리스 조기 총선 시리자 승리…치프라스 재신임」, 《한겨레》(2015년 9월 21일).

- 한미희, 「'독일 쾰른 집단 성범죄'로 기로에 선 유럽 난민 정책」, 《연합뉴스》(2016년 1월 11일).

- 한세현, 「팩트 또 틀린 트럼프, "살인율 최고" 주장…실제로는 최저」, 《SBS NEWS》 (2017년 2월 8일).

- 홍주희, 「이탈리아 최대 정당 된 오성운동…배후엔 '빅 브라더'?」, 《중앙일보》(2018년 3월 6일).

도대체 포퓰리즘이 뭐야?

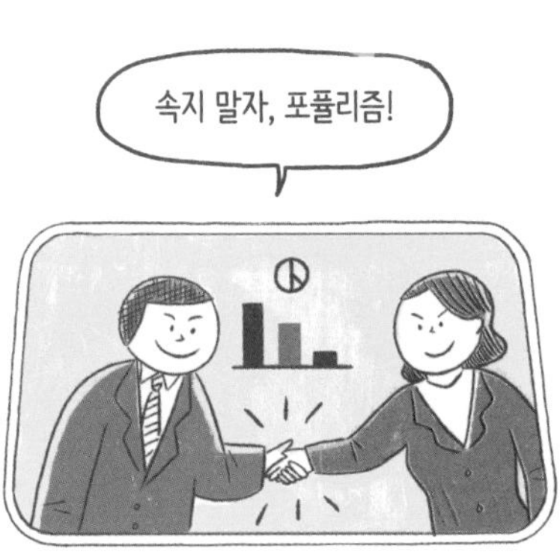
속지 말자, 포퓰리즘!

10대를 위한 글로벌 사회탐구

도대체 포퓰리즘이 뭐야?

1판 1쇄 찍음   2023년 5월 16일
1판 1쇄 펴냄   2023년 5월 24일

지은이 얀 루트비히
옮긴이 전은경
그린이 애슝
해 제 서의동
펴낸이 박상희
편집장 전지선
편 집 송재형
디자인 이지인

펴낸곳 ㈜비룡소
출판등록 1994년 3월 17일 제16-849호
주소 06027 서울시 강남구 도산대로1길 62 강남출판문화센터 4층
전화 02)515-2000 팩스 02)515-2007
홈페이지 www.bir.co.kr
제품명 어린이용 반양장 도서
제조자명 ㈜비룡소
제조국명 대한민국
사용연령 3세 이상

ISBN 978-89-491-5301-8 44300 / 978-89-491-5296-7 (세트)